房地产门店团队管理与成交一本通

赵大君◎编著

人民邮电出版社

北京

图书在版编目（CIP）数据

房地产门店团队管理与成交一本通 / 赵大君编著
. — 北京：人民邮电出版社，2020.5（2022.2重印）
ISBN 978-7-115-53415-6

Ⅰ. ①房… Ⅱ. ①赵… Ⅲ. ①房地产市场－市场中介
组织－团队管理 Ⅳ. ①F293.355

中国版本图书馆CIP数据核字（2020）第034209号

内 容 提 要

在竞争激烈、变幻莫测的房地产行业，经纪人要想脱颖而出，需要掌握全方位的管理技能和成交技巧。而要成功经营一家门店，门店经理更需要提升个人素质，懂得管理、销售、演说、成交的方法。

本书立足于二手房销售实践及门店经理的管理实战，用数十个真实的情景案例，形象、生动地讲授了房地产经纪人的管理、销售及成交技能，以帮助房地产经纪人快速提升专业知识和服务品质，构建好自己的经纪团队，大幅提高销售业绩。

本书适合广大房地产门店经理、门店经纪人、二手房经纪人、房地产销售培训师和从事与房地产经纪管理相关工作的人士阅读、参考。

◆ 编　　著　赵大君
　　责任编辑　李士振
　　责任印制　周昇亮

◆ 人民邮电出版社出版发行　　北京市丰台区成寿寺路 11 号
　　邮编　100164　电子邮件　315@ptpress.com.cn
　　网址　https://www.ptpress.com.cn
　　涿州市京南印刷厂印刷

◆ 开本：700×1000　1/16
　　印张：16　　　　　　　　　　　　2020 年 5 月第 1 版
　　字数：286 千字　　　　　　　　2022 年 2 月河北第 5 次印刷

定价：59.80 元

读者服务热线：**(010)81055296**　印装质量热线：**(010)81055316**
反盗版热线：**(010)81055315**
广告经营许可证：京东市监广登字 20170147 号

随着国家房地产市场政策的调控，我国房地产市场趋于精细化发展。这就要求房地产经纪人提升自我素质，提高服务品质。

目前，很多房地产中介企业缺乏优秀的门店管理人员和成熟员工，这正在成为企业发展的瓶颈。优秀的门店经理是门店的灵魂，是门店制度和理念的执行者，他们和优秀的经纪人共同肩负着门店的重任，只有双方精诚协作，整个管理和销售团队才能对市场进行有效的开发，持续稳定地获取房源、客源并顺利成交。

本书以房地产（主要指二手房）销售实践及门店经理和企业负责人的管理实战为基础，从个人能力培养、招聘管理、培训管理、激励管理、决策管理、营销管理、计划管理、沟通管理八大方面入手，以提高房地产门店从业人员的综合素质、营销能力和管理能力，促进房地产门店管理规范化为出发点，以 21 世纪不动产公司等知名房地产中介企业的运营案例、管理制度和培训材料为依据进行编写，具有很强的针对性和可操作性。本书既能够作为房地产中介企业内部的培训读本，也可以作为房地产门店提升管理水平、规范管理制度的参考用书。

1. 本书特色

从内容上看，本书理论结合实际，覆盖了房地产门店管理与成交的各个重点环节，能够直接指导门店员工从经纪人成长为门店经理。

从结构上看，本书以门店经营的各关键点为主线，清晰展现了需要重点学习和提升的不同任务模块。

从文字上看，本书逻辑缜密、结构清晰，便于门店经营管理人员在工作之余进行学习。

2. 本书逻辑结构

本书的逻辑结构如下图所示，该逻辑结构图能帮助读者快速厘清思路，轻松阅读，准确找到自己想要学习的知识点。

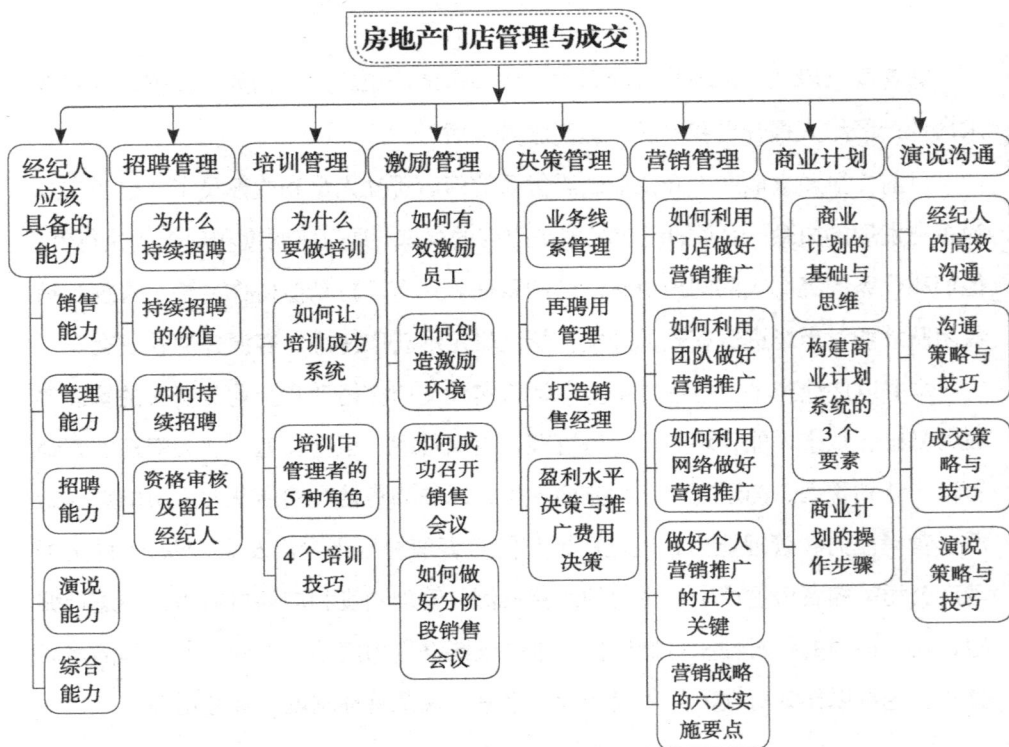

```
                        房地产门店管理与成交
  ┌──────┬──────┬──────┬──────┬──────┬──────┬──────┬──────┐
经纪人    招聘管理  培训管理  激励管理  决策管理  营销管理  商业计划  演说沟通
应该
具备的
能力
```

经纪人应该具备的能力	招聘管理	培训管理	激励管理	决策管理	营销管理	商业计划	演说沟通
销售能力	为什么持续招聘	为什么要做培训	如何有效激励员工	业务线索管理	如何利用门店做好营销推广	商业计划的基础与思维	经纪人的高效沟通
管理能力	持续招聘的价值	如何让培训成为系统	如何创造激励环境	再聘用管理	如何利用团队做好营销推广	构建商业计划系统的3个要素	沟通策略与技巧
招聘能力	如何持续招聘	培训中管理者的5种角色	如何成功召开销售会议	打造销售经理	如何利用网络做好营销推广	商业计划的操作步骤	成交策略与技巧
演说能力	资格审核及留住经纪人	4个培训技巧	如何做好分阶段销售会议	盈利水平决策与推广费用决策	做好个人营销推广的五大关键		演说策略与技巧
综合能力					营销战略的六大实施要点		

3. 本书价值及读者对象

本书能够帮助房地产经纪人明确服务重点，提升专业知识，改进服务品质，并在此基础上指导经纪人成长为门店经理，构建和运营自己的团队，从而不断取得优异的成绩。

本书适合经纪人、门店经理、房地产连锁门店管理者及对房地产中介服务感兴趣的创业者和研究者阅读、参考。

编者

目录

第1章
卓越的房地产经纪人／经理应该具备哪些能力

第 2 章
招聘管理：利润取决于招聘活动的效率

第 3 章
培训管理：最好的培训才能带来最好的团队

第 4 章
激励管理：被充分激励的员工才能带来利润

4.1　员工被有效激励的 3 个要素

4.2　如何创造激励环境，让员工充满斗志

4.3　如何成功召开销售会议

4.4 如何开好分阶段销售会议

第 5 章
决策管理：房地产门店经理的决策秘诀

5.1 如何进行业务线索管理

5.2 如何做好门店员工的再聘用与解聘工作

5.3 如何打造并成就销售经理

第 6 章
营销管理：没有不盈利的门店，只有做不好的营销

6.4　做好个人营销推广的五大关键

6.5　营销战略的六大实施要点

第 7 章
商业计划：做好房地产门店商业计划的策略

7.1　商业计划的基础与思维

7.2　商业计划系统构建的 3 个要素

第 8 章
演说沟通：经纪人 / 经理演说技能与成交技巧

第 **1** 章

卓越的房地产经纪人 / 经理应该具备哪些能力

1.1 销售能力：没有销售成交就没有利润

一个优秀的房地产经纪人会将销售工作看成是个人收入和门店利润的根基。

1.1.1 如何体现销售价值促进成交

房地产经纪人的工作可以用一句话来概括：通过销售行为，用正确的方法向客户展现正确的价值，其中包括个人价值、房产价值和服务价值。

房地产经纪人的销售能力取决于其如何看待并体现这些价值。

1. 个人价值

个人品牌价值是房地产经纪人最有竞争力、最具附加值的销售"武器"。个人价值的力量出于无形、威力无穷。建立和扩大个人品牌价值能够加深产品在客户心中的印象。

例如，出门时多带名片，并在一切可能的情况下将名片发给身边的人，让更多的人认识你；主动与陌生人攀谈、打招呼，无论是快递员还是公司高管，都可以同他们自然交流，努力让他们记住你；多参加培训交流活动，与同行或相关行业人士多交流，这样不仅能增长知识，还能让更多人认识你；钻研专业知识，比其他房地产经纪人获得更多的理论知识与实践经验，努力成为房地产行业的专家。

2. 房产价值

在房地产行业竞争日益激烈的时代，谁对房地产相关知识了解得多、传递的价值多，谁就能赢得客户的信任并促进成交。

同样一条房地产信息，对不同的人有不同的价值。此外，即使是内容完全相同的信息，在不同时间段也会彰显不同的价值。当经纪人提供的价值内容属性与客户的需求相互契合时，才能最大概率地促进成交。因此，房地产经纪人必须在懂得正确评估房产价值的基础上，分析客户的实际与潜在需求，为他们展现最有价值的信息。

例如，对许多客户而言，购买二手房兼具消费和投资功能。因此，即使他们表达出的是"看重学区""为了给父母养老"等需求，经纪人同样要向他们呈现房地产的升值空间，即房屋价格和房屋租金的成长空间。

当然，房地产经纪人在向客户展现投资价值时，也不能局限于未来升值的单一思路。同样的商业区或住宅区，因地段不同，其投资价值必然会有一定的差异。房地产经纪人完全可以将其周边的基础配套设施，政府综合城区规划的力度和预期，日后便捷的交通、学校、商业区等作为房屋的当下价值予以展现。

此外，房地产所属小区的物业设施、安全保障、公共环境等因素也是客户评判其综合价值的重要标准。

3. 服务价值

在房地产经纪行业，普通经纪人凭借其业绩成为门店经理后，就可以展现其更多的服务价值。

普通经纪人服务的对象主要是客户，为他们提供专业的信息和资讯，以帮助其确定合适的购买目标。而普通经纪人成为门店经理后，想要获得更大的成交量，就应懂得利用自身经验做好团队的管理与服务。

门店经理对内的服务价值体现在构建、引导、训练并带领团队，帮助每个员工了解客户，与客户积极沟通，从而实现成功营销的目标。做到这一点，才算是从优秀的经纪人成长为了优秀的门店经理。

小节作业

思考并回答下列问题。

1. 你目前在公司的任务是什么？你是经纪人还是经理，还是两者均是？

_____

2. 如果你是公司业绩最好的经纪人，那么当你停止销售时将会出现什么情况？

_____

3. 你是否了解目前职务的工作内容？是否了解改变职务或者升职的程序？请试加以描述。

_____

_____

4. 你为能够更有效地体现个人价值，做了哪 3 项准备？

①_____

②_____

③_____

1.1.2　如何把握客户心理实现快速成交

房地产作为一项特殊的消费品和投资品，吸引着全社会的关注，其由此带来的消费心理也具有明显特征。房地产经纪人和门店经理必须准确把握客户的心理特征，以期顺利成交。

1. 客户心理

就商品房或二手房的销售业务而言，客户的购买行为通常包含以下几个心理特征，如图 1.1-1 所示。

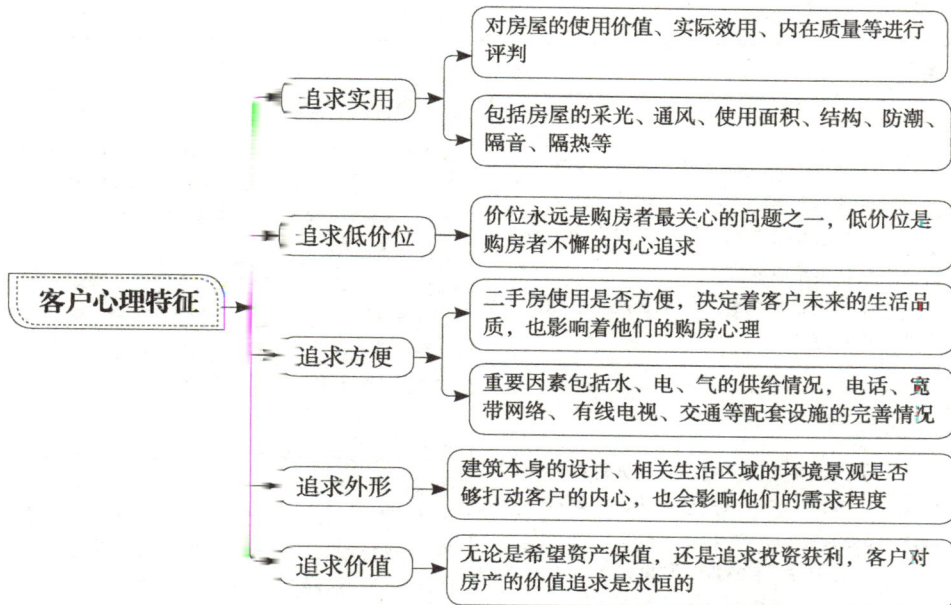

图 1.1-1　客户的购买行为包含的心理特征

2. 客户分类与快速成交策略

虽然客户在挑选房源的过程中有着许多类似的心理追求，但由于人的能力、实际需求和性格不同，他们的表现也会不同。客户主要可以分为 12 种类型，如表 1.1-1 所示。针对 12 种不同类型的客户，经纪人应以不同的应对态度进行销售，以期顺利成交。

表 1.1-1　客户分类及应对策略

类型	特点	快速成交策略
从容不迫型	①他们严肃冷静，遇事沉着，不太容易被外界信息所影响。 ②他们会认真倾听经纪人的建议，有时还会主动提出问题并陈述看法，但不会轻易做出决定。 ③这种心理类型的客户如果对经纪人的第一印象不佳，就会保持距离，不会给予第二次见面机会	①经纪人可以从熟悉产品特点着手，谨慎地应用层层推广引导的方法，在短时间内进行多方的比较、分析、举证、提示等，让客户全面了解利益所在，并在理性上给予认同。 ②与这类客户打交道时，经纪人要事先进行充分准备，要在第一次面谈时就能经得起对方理智分析的考验

类型	特点	快速成交策略
犹豫不决型	①他们对是否购买某一楼盘犹豫不决，即使决定购买，对位置、售价、户型、建筑风格、物业管理、企业品牌也会进行反复比较，难以取舍。 ②他们性格温和，但却总是瞻前顾后、举棋不定	①面对这一心理特征的客户，经纪人应杜绝焦躁心理。在初次商谈时，切忌急于求成，而要冷静地引导客户表达出自身的疑虑和问题，再根据问题做出说明，并拿出有效正据，消除客户的犹豫心理。 ②一旦客户发出了明确的购买信号，经纪人不妨直接采取行动，促使对方做出决定。例如说"好！那现在我去拿协议书给您签吧""好吧，那现在我带您去付款"，从而促成交易
自我表现型	①这类客户大多喜欢在别人面前展现自己见多识广，喜欢高谈阔论，不愿接受他人的劝告。 ②这类客户喜欢说"我见过×××小区的房子""我和×××很熟悉"等	想要与这种类型的客户快速成交，经纪人最好能够扮演"忠实听众"。当对方自我表现时，不要打断他们，而要表现出认真了解学习的态度，适时传递自己的钦佩之意，彻底满足对方的虚荣心。这样，当你提出购买建议时，对方也会欣然接受
豪爽开朗型	①这类客户大多开朗乐观，不喜欢细致谨慎地思考，也不愿意拖泥带水地选择。 ②他们决断力强，办事干脆，但往往缺乏耐心，容易感情用事，有时会轻率马虎	与这类客户交往，经纪人必须懂得掌握火候。从一开始就要找到共鸣点，介绍房源时应干净利落、简明扼要地表述销售建议，并开门见山地说清楚，不必绕弯子。对方基于性格上的特点，必定会爽快地给予回复
言语偏多型	①这类客户喜欢凭个人经验和主观意志判断事物，不容易接受别人的观点。 ②他们一开口便滔滔不绝，但常常偏离主题	①面对这类客户，经纪人切忌急于求成，要有足够的耐心和控制力。 ②经纪人只需稍加等待，就能在对方评论兴致正高时引入销售话题，使其关注点转移到购买建议上来。 ③如果客户表现得兴奋，要给其足够的评论时间，不能贸然制止，避免起负面作用。 ④一旦双方的协商进入正轨，经纪人就可以更进一步与客户沟通，直到对方按照自己的节奏接受建议

续表

类型	特点	快速成交策略
沉默寡言型	①这类客户的心理特征与言语偏多型客户的心理特征恰好相反，他们老成持重、从容不迫，对经纪人的宣传介绍能认真倾听，但反应冷漠，很少说出自己的想法。 ②他们对房源的内心感受和评价如何，外人难以揣测。 ③这种客户比较理智，情绪不易激动，更重视理性分析和判断，重视购买行为的逻辑性和利益性	①经纪人要循循善诱，着重以逻辑推演的方式劝说客户。同时，应详细说明楼盘的价值和利益，并提供相应的资料和证明文件，以便对方分析思考和判断比较，增强其信心，引发他们的购买需求。 ②在谈话过程中，经纪人应表现出诚实稳重的特点，尤其注意谈话的态度、方式和表情，争取给对方留下良好的第一印象，提高自身在客户心中的信誉度。经纪人还要善于解答购房者的疑问，了解并把握对方的心理状态，避免双方商谈过程中的冷场和拖延
追求完美型	①这类客户疑心主重，不容易信任房地产经纪人。 ②他们认为经纪人只会夸大房屋的优点，并且尽可能地掩盖房屋的缺点与不足，如果相信了，就会上当受骗。 ③这类客户喜欢追求完美、较爱反驳，喜欢与经纪人辩论	①面对这类客户，经纪人要懂得采取迂回战术。先与其意见交锋，适时宣布"投降"，心悦诚服地承认对方独具慧眼。这样，使对方吹毛求疵的心态得到满足，经纪人再进行产品宣传和价值塑造，就能提高成交率。 ②同这类客户交流时，经纪人必须注意满足对方争强好胜的心态，以请其批评指正的态度，了解其真正的需求
难以交心型	①这类客户表面上非常和蔼友善，当经纪人提出问题时，他们也会做出回答，如果经纪人提出要求，他们同样能或多或少地有所应允。 ②如果经纪人明确提出购买要求，这类客户往往会顾左右而言他，始终不明确表态。这是因为他们难以信任别人，其表面上的"主动"只是在掩饰内心的怀疑和担心	①面对这类客户，经纪人应着重于取得对方的完全信赖。然而，口头的理论分析是无法让他们心悦诚服的，你必须拿出有利证据，如老客户的反馈、专业部门的鉴定证明等。 ②除了要有足够的耐心与这类客户交流外，经纪人应主动提出一些优惠条件供对方选择、考虑。不过，对于其过分要求，经纪人不应轻易满足，否则反而会动摇其购买的决心和意愿
傲慢冷淡型	①这类客户大多高傲冷漠，不通情理。他们轻视别人的看法，不喜欢与他人沟通。 ②他们最大的心理特征表现为具有坚持到底的毅力，表现顽固，不易接受他人的建议。 ③这类客户一旦对经纪人产生信任，就会延续较长时间。 ④这类客户由于生性严肃、不够外向，更容易相信身边的熟人	①在接近这类客户时，可以先花费必要的时间，找到双方的共同点（认识的熟人、感兴趣的话题等），从而拉近彼此的关系，这样有利于缓和对方冷淡傲慢的心理和态度。 ②在交谈过程中，经纪人可以视情况采取必要的"激将法"，给予对方适当的"反击"

续表

类型	特点	快速成交策略
情感冲动型	①这类客户或多或少会有一些冲动表现，他们对事物变化的反应相当敏感，一般人会忽略的事情，他们不但会注意到，还很可能耿耿于怀。 ②他们过于自省，对自身的态度与行为容易产生不必要的顾虑。 ③他们的情绪表现不够稳定，容易偏激，即使在接近签约时，也可能忽然变卦	①为了避免这类客户因一时冲动而推翻成交决定，经纪人应在商谈中采取果断措施，积极提供有力的证据，体现出房源能够带给对方的利益与便利。 ②不断从各个侧面去打动客户，督促对方尽快下定决心成交。 ③即使在对方点头同意后，经纪人还要保持谨慎周密的言行和态度，不给对方留下冲动的机会和改变主意的理由
情绪化型	①这类客户对经纪人或销售活动怀有不满，在这种心理状态的影响下，会对经纪人的主动介绍发表负面看法，甚至进行无理由的怀疑。 ②这类客户表面上看似无理取闹，但其中也包括了某些合理的失望情感，常常以偏激的态度将其表现出来	①与这类客户打交道时，经纪人应先从稳定对方的情绪入手，逐步了解其抱怨和发牢骚的原因，积极表示同情并宽慰对方，让对方感受到你对其利益的关注以及对其立场的支持。 ②当双方有了情感上的共鸣后，成交概率就会显著提高
意向强烈型	①这类客户好强而顽固，在和经纪人谈话时，他们会固守自身的底线，且不会轻易改变。 ②他们出于追求信息优势的心理，会不断索要说明资料，以观察经纪人的反应。 ③同这类客户进一步接触时，还会发现他们对经纪人缺乏信任，同时又喜欢把个人意志强加于人。 ④临近交易时，他们还会提出很多额外要求	面对这类客户，经纪人应强调购买该产品所获得的利益及其与其他同类产品相比的优势，并进行适当诱导，将对方纠缠的空间压缩到最小，让其失去讨价还价的余地

无论何种情况，在和客户商谈时，经纪人事先都要有受到冷遇的心理准备，在面对批评时要有良好的心态，准备足够的资料与佐证，应对客户所指出的缺点。另外，经纪人还应事先在价格或交易条件上有所准备，使得销售节奏井然有序

小节作业

思考并回答下列问题。

1. 请列举在销售实践中，你最常遇到的3种心理类型的客户。

____

____

____

2. 你最擅长和最不擅长把握的客户心理变化分别是哪些？

____

____

____

1.1.3 如何使用销售技巧促进成交

销售是贯穿房地产门店日常经营的重要内容，其中既有接触客户之前的准备，也有面对客户的直接商洽，还有成交之后的种种服务。学习并熟练掌握多种销售技巧，才能巧妙地促进成交。

1. 接待技巧

成熟高超的接待技巧不仅能给客户留下良好的第一印象，有利于实现成交，还有希望将新客户变成老客户（无论成交与否），直至将其变成忠实客户。因此，创造愉快的接待环境是非常必要的。

接待客户时，经纪人应保持自然亲切的微笑，仪表与举止得体，服务态度热情而不张扬。在与客户寒暄后，大方进行自我介绍，宣传门店形象，对客户进行恰当的赞美，尝试与客户探讨共同感兴趣的话题。

接待客户时使用良好的技巧可以让客户对经纪人产生信任，客户也会因此而期待经纪人帮助其解决问题。

2. 谈判技巧

在进行沟通并成功处理客户的问题和异议之后，经纪人对销售技巧的运用应集中在双方交易的价格、条件、交房日期、违约责任等合同条款的协商上。在这一阶段，成交的关键在于价格谈判，经纪人要善于在交易双方之间进行协调。

（1）确立目标

房地产交易的谈判通常都需要多次进行才会有结果。因此，经纪人要在每次谈判前做好准备，对双方谈判的进程有充分的了解和预判。在每次谈判之前将目标罗列出来，做到心中有数，以便在谈判中掌握主动权，规避可能让谈判陷入僵局的不利因素。

（2）摸清底牌

在谈判前期，经纪人应多听少说，从不同角度去引导双方说出自己的想法。当客户的真正需求和希望全部展现出来时，谈判就能自然引申并进入实质性阶段了。

（3）组织协调

门店经纪人作为中介方，经常会遇到交易双方因为具体问题而互不相让的情况。例如在价格上的僵持，很容易导致谈判进程缓慢。此时，经纪人可以提出新的中间价格并围绕这一价格进行组织协调，促使谈判继续下去，从而营造出新的商谈气氛。

在此过程中，经纪人应尽量为交易双方着想，引导双方紧扣谈判主题，促使双方做出适度妥协与让步。尤其是在双方情绪激动之际，经纪人应打破僵局，帮助双方及时冷静后再提出解决方案。

3. 成交技巧

成交是谈判的最后一个阶段，也是经纪人的最终目的。在此之前，所有准备工作已经完成，要想让客户最终下定决心成交，经纪人需要使用下列关键性技巧，如图1.1-2所示。

（1）直接促成

经纪人可以直接主动地要求买卖双方成交，这是最简单实用的成交技巧。

经纪人应抓住各种成交时机，积极明确地提示或适当刺激客户，主动提出成交要求，努力促成成交。

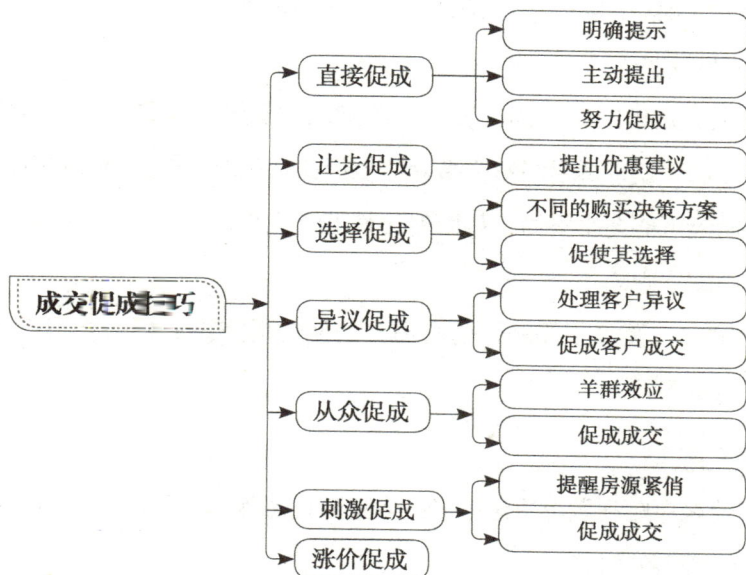

图 1.1-2　促成成交的 7 个技巧

（2）让步促成

经纪人可以选择适当时机主动对业主提出优惠建议，从而促成成交。这种方法适用于双方已经有初步的成交意愿的情况，能够以较快的速度让双方达成协议。

（3）选择促成

经纪人可以向购买方提供不同的购买决策方案，促使其做出选择。尤其当客户面对多种选择眼花缭乱时，采用此种技巧更容易奏效。

（4）异议促成

面对存在异议的客户，经纪人可以向他们提出恰好能解决其异议的购买方案，从而促成客户成交。一旦消除异议，成交概率将大大增加。

（5）从众促成

经纪人可以通过详细描述大部分客户的选择动机和内容，去影响其他客户，制造心理学上的"羊群效应"，利用带头者形象促进交易，并引发客户的从众心理，促成成交。

从众促成技巧尤其适用于多套集中房源的销售。

（6）刺激促成

刺激促成是指经纪人提醒客户房源紧俏，使原本犹豫不决的客户做出成交决定的方法。如告诉已经看中某套房但仍在犹豫的客户，这套房还有其他客户看中，明天可能会来签约，从而促使其下定决心，促成成交。

（7）涨价促成

利用客户"买涨不买跌"的心理，向他们透露该房源即将涨价的消息，促使他们抓紧购买。

4. 签约技巧

为了让客户顺利做出决定，经纪人还应注意签约过程中的技巧应用。

（1）合同条款技巧

在讨论合同条款时，经纪人应该在恰当的时候提出较为敏感的条款。过早提出会让客户退缩，过晚提出客户就会有受骗之感。

除了选准时机外，对纠结于某条款而迟迟不做决定的客户，经纪人要谨慎商谈，将有争议的条款解释清楚，分析其利弊，同时慎重采用催促措施，促成成交。

（2）增强信赖技巧

在签约之前，经纪人应充分展示其专业、公正，使客户对其建立信任。这样，客户就会在签约时对经纪人"言听计从"。为此，经纪人应尽快找到客户的需求和痛点，强调房源产品的优势，获得客户的心理支持。

（3）消除隐患技巧

当双方达成共识，尤其是当客户承诺决定交易时，经纪人必须立即行动，收取定金从而锁定客户。

例如，某客户看中某套房源，交易双方的成交价格和条件已谈定，而购房款项一时无法到位。此时，经纪人就可以建议客户先付少量保证金促成双方约定，在一定时间内买方必须履行下一步手续，否则已交的保证金不予退还，视为对出售方和中介损失的补偿。

保证金既可防范风险，也可帮助客户确立成交意愿。保证金通常由门店代收代管，并出具收款收据，相关的简单约定也可在收款收据上予以说明。

（4）签订合约技巧

在签约时，经纪人应协助买卖双方对合同上的每一条条款进行审查，务必明确定金、首期款、尾款的数额和支付时间，其中贷款、税负负担的安排也应明确。双方确定无误后签字盖章、收取合同并进行佣金结算。

小节作业

思考并回答下列问题。

1. 你通常运用哪些技巧来保证交易双方的利益不受损？

_____

_____

_____

2. 当购买方表示无法接受价格条件时，你会说些什么？

_____

_____

_____

3. 你如何判断提出签约建议的正确时机？

_____

_____

_____

1.1.4 如何提升客户黏性，持续成交

谈到营销，客户黏性是绕不开的话题。随着市场消费能力的提高、楼盘供应充足，可供直接开发的新市场越来越小。在这种情况下，维系一个老客户要比获取一个新客户更为容易。

客户黏性正是通过经纪人与老客户频繁地沟通交流产生的，形成对客户的充分吸引，方可从中持续获利。形成客户黏性的条件可以概括为两个方面：首先是主动创造沟通交流的机会，其次是在沟通交流中形成有效吸引。经纪人或门店经理在设计用户互动方案时，可以从这两个方面着手。具体做法可参考以下 3 点。

1. 打造亮点，让服务变得更有竞争力

房地产经纪人的工作职能在于提供高质量的中介服务，使客户的满意度超出其期望值。通过服务过程中的沟通交流，建立用户对品牌、产品与服务的信任，是形成客户黏性的基础。

在房地产销售服务中，经纪人提供的服务不应局限于满足客户的单一化需求。

例如，客户希望购买学区房，经纪人除了为其寻找目标房源外，还可以利用自己的人际关系及对当地教育情况的了解，提供有利于客户选择学校的行业信息；客户希望投资性购房，经纪人除询问其价格需求外，还要抓住客户潜在的投资心理需要，为其分析不同房产的价值变化趋势……

门店还可以大胆创新，以个性化的销售方式向客户传达自己对房屋质量的坚定信心。例如，曾经有门店承诺，客户购买房屋后若干年内，在该门店挂牌交易，服务费可以打折。当然，在此背后，也要有真正的服务能力进行支撑。

此外，成功引入客户后，门店还可以围绕房地产销售服务，额外为客户

提供低价甚至免费的附加服务，从而增加客户黏性。例如，提供装修咨询、交通工具租赁等服务，都能维护与客户之间的关系。

总体来看，门店或经纪人想要留住客户，在服务中必须从纵向和横向两个维度发力。纵向即挖掘客户的隐藏需求，引导他们的消费眼光，思考客户尚未想到的，避免服务的同质化。横向即通过门店和门店、门店和其他行业之间的合作，进行有效业务整合，从单一的房地产中介服务逐步转化为围绕房地产交易提供整体生活的解决方案，以便适应客户高效快速的生活与消费需求。

2. 捆绑客户

之所以要不断吸引和维系老客户，就是为了防止他们轻易流失。因此，经纪人和门店都应在客户管理模式上设计有效机制，提升客户黏性。

在这方面，经纪人可以借鉴电商平台的客户管理机制。

许多电商平台通过让买家和卖家以积分制度不断升级，形成了强大的黏性捆绑，时间积累越久，黏性越强，因为客户通过平台获得了具有充分竞争力或收益的积分。同样，很多网络游戏也会设计升级制度，客户投入的时间、精力和金钱越多，级别越高，其精神收益就越大，黏性就越强。

在房地产中介服务中，也可以利用会员和积分制度来增强客户黏性。不同的会员等级或积分可以享受不同的权益，从而实现对老客户的有效捆绑。

3. 为客户营造归属感

成功销售出房源是门店和客户之间关系的开始。从心理学的角度来看，人们更容易接纳那些有自己参与的服务方案。同样，门店可以赋予客户更多的挑选权力和建议权力，营造他们对门店品牌的归属感。例如邀请老客户来参加门店运营，请他们为门店的服务内容提出宝贵建议。

小节作业

思考并回答下列问题。

1. 你有多少老客户？平均多久联系一次？

_____

_____

_____

2. 除了提供房地产销售咨询外，你还能通过个人或集体能力为老客户提供哪些附加服务？

_____

_____

_____

3. 你的门店是否有计划推出会员体系或相关服务？

_____

_____

_____

1.1.5 如何做好互联网销售

面对巨大的房地产市场，经纪人和门店应如何将营销手段同互联网思维结合，做好互联网销售？

房地产存在着自身的特殊性，即使同一栋楼里的房子，由于朝向、户型、楼层、面积和使用历史的不同，其价值也并不相同，客户通常很难直接进行网购。有鉴于此，想要做好房地产的互联网销售，必须了解以下几点。

1. 正确看待互联网

房地产经纪人要吸取互联网平台的思维精髓，并将其渗透到营销的每个阶段中去。

在进行房地产营销时，要将互联网看作门店生存发展的环境及客户选择的出发点，是与营销中每个环节不可分割的存在，而不只是简单的工具。

2. 找准连接点

互联网房地产营销是新时代的跨界融合，每个经纪人都应该思考并探索：什么样的连接点才是最好的融合关键。每家企业、每个门店都应结合营销实际，以自身的理解找到最适合的营销方法。

3. 关注人的情感和需求

互联网营销是面向无数移动终端所对应的人的营销。经纪人和门店经理都应该明白，人依然是互联网房地产销售的起点与终点，是真正的决定性因素。同时，由于人的情感和需求千变万化，互联网销售方案的设计、使用、推广、反馈和修改等过程中的每一个步骤都应围绕最主要的客户特点进行。

把握了原则要点，才能准确选择工具。目前，房地产互联网营销主要以社交平台为依托 通过流量、数据和多媒体平台的结合促进成交。其中，云社区、微信营销、微博营销、APP 信息推送、网站推广以及其他网络社交工具等，都是房地产门店吸引客户流量的工具。

1. 手机 APP

从 2014 年开始，越来越多的中介公司都开始推出网上看房、手机 APP 预约看房等项目。这也使房地产中介的销售过程变得透明、交易变得简单易行，受到众多客户的推崇。

除了尝试自身开发软件外，房地产中介还会在工作中使用高效的第三方软件来提高工作效率，同时也能更好地为客户服务。

（1）中介端口软件

软件中最常见的如 58 同城、赶集网、安居客、中国网络经纪人 APP 等，是人们发布房源最常用的手机软件。

（2）房源采集软件

无论是个人租赁房源还是买卖交易房源，这类软件都可以做到从中采集并推送给门店的房地产经纪人。

（3）房源群发软件

有了房源之后，经纪人依然需要对接不同的网络端口，在不同的平台上发布信息，包括上传图片、写描述、取标题等，这些步骤都需要花费时间、精力，而采用房源群发软件（如房在线一键直发等）就快捷很多。

（4）房地产中介管理软件

作为房地产中介管理方，门店需要配备相应的办公软件。房地产经纪人在外检查房源或带客户时，通过 APP 就能用手机更新房源和客源的数据，从而及时反馈市场动态信息，在整个门店内部系统进行登记与共享。

2. 微信营销

微信是当今最常用的社交软件之一，同时也是支付软件和生活信息平台。由于房地产中介营销的目标客户大多是微信的高频使用者，经纪人或门店经理应该懂得用微信去挖掘更多潜在客户，并以此管理好客户群。

利用微信及该平台上的微店，能够带来三大营销好处。

①微信用户量庞大，且沟通交流不受时间和空间限制，拓展微信用户群就能获得大量客源。

②微信和微店的传播速度快、内容多媒体化、受众精准，利用朋友圈、社群、小程序等方式都可以详细展现公司简介、联系方式、员工风采、最新房源信息、客户好评等内容，提高公司形象，与客户建立基本的信任。

③门店还可以通过申请和运营微信公众号，直接向潜在客户推送宣传信息，让营销更为立体化。具体方法包括以下几点。

- 在门店的显眼位置贴上微信二维码，方便需要的客户扫描添加。
- 在员工名片上添加二维码，引导客户关注。
- 在房源集中的小区公告栏上张贴二维码，再加上引导关注的文字。
- 发动员工和老客户发朋友圈，用奖励方式引导客户成为代理微店店主等。

3. 网站营销

经纪人或门店可以建立自己的网站，或在社交平台上建立个人或门店的微信、微博等账号。无论通过什么平台，经纪人或门店都要着重建立专业统一的品牌形象，以获取客户的信任。

个人或门店的主页内容中，要设计客户群体感兴趣和点击量高的关键字。

例如，二手房、中介、小户型、多层、学区房等词语以及当地居民集中的行政区划名称，或是当地著名的商圈、医院、学校名称等词语，都能很好地让客户在浩如烟海的互联网信息中找到你的主页。

此外，在经纪人或门店正式推出微博或网站之前，先要储备一定数量的房源，配套全面真实的房源照片、描述文字，以吸引充足数量的意向客户。

4. 互联网社群营销

房地产经纪人或门店工作任务的顺利完成，离不开信息的整合与推送。利用互联网社群，可以将意向客户集中到固定的平台中，如微信群或 QQ 群，定时推送有价值的信息，实现高效营销。

借助互联网的力量，门店能够让社群发挥储备客户、提供信息、管理客户、分类营销、集体交流、宣传品牌、提升服务等作用，打造坚实庞大的客户群体。

小节作业

思考并回答下列问题。

1. 你的个人微信号是否用于房地产营销工作？微信上有多少好友了解过你或门店的服务内容？

_____

_____

_____

2. 在营销工作中，你是否考虑过建立微博账号、微信公众号或网站？最有利的条件和最大的困难是什么？

_____

_____

_____

3. 你最熟悉的房产中介类 APP 是什么？列举其主要用途，设想出 3 种新的销售用途。

_____

_____

_____

1.1.6 如何高效沟通实现成交

每一个房地产产品都因为其地理位置、周边环境和建筑结构不同而具有唯一性。因此，在房地产销售过程中，一个优秀的经纪人既是富有经验的专业人士，也是高效沟通的专家。当经纪人了解客户的需求，发现潜在问题时，应该有针对性地向客户介绍和说明，用沟通技巧激发其购买欲望。

在沟通过程中，经纪人可以从以下 3 个方面入手来实现成交。

1. 沟通前的准备

在第一次与客户沟通之前，经纪人要对目前市场上热销房源的区域和价格等因素做全面了解，对手头的房屋信息充分掌握，包括户型、楼层、小区环境、物业管理等。这样，就能够根据客户的核心需求进行有针对性的推荐和沟通。此外，还应事先准备好相关的宣传资料等。

同时，经纪人应根据以往的成交经验设想客户可能提出的异议，并提前准备处理异议的素材和方法。也可以在事前做一些练习，锻炼自己的沟通能力。

"工欲善其事，必先利其器"，沟通之前的准备越充分，沟通效率就越高。

2. 了解需求

成功的经纪人善于在沟通中观察客户的言行，并根据自己的丰富经验对客户的需求进行精准判断。这样就能有效降低风险，提高交易的成功率。在此过程中，尤其要注重利用引导和提问的方式去确定客户的需求。

经纪人可以从第三人的角度去发问和沟通，以朋友般的热忱和诚恳去感染客户，与其建立相互信任的关系。随后，再通过恰如其分的交谈正确把握客户的需求，有选择地询问、回答问题。

在了解需求时，经纪人应首先了解客户的基本情况、消费需求、消费目的和购买心态，包括其职业背景、家庭情况、收入档次、消费类型、籍贯所在地、工作所在地、买房的直接目的等；随后再通过提问了解客户最核心的需求（如父母养老、孩子上学、就近上班等），并根据客户的综合情况拿出相应的对策进行沟通，将解决问题同成功交易完美结合。

3. 解决问题

在沟通过程中，客户随时可能提出各种问题。提问有可能发生在电话邀约时，也可能发生在向客户介绍房源时，或者发生在带客户看房的过程中，甚至直到签单之后客户依然可能会提出问题。

经纪人应当正视不同阶段客户提出的各种问题并及时解答。实际上，当客户提出有关问题时，正是沟通取得成效的信号。对客户而言，如果经纪人能够解决这个问题，他们就会进一步考虑购买经纪人所推荐的房屋。反之，如果客户没有任何问题，成交的概率反而可能会比较低。

在房地产交易过程中，大多数问题都来自购买方，主要包括以下内容。

产权是否明晰、房屋质量是否合格、配套设施是否齐全、开发商或业主的背景及信誉如何、物业管理服务的收费标准和服务质量如何、相关手续如何办理、旧房的历史与未来的价值前景如何、社区群体氛围如何、价格行情走势如何、房屋交付手续是否烦琐等。

对这些问题，经纪人都应准备好充分的应对措施，包括主动处理与直接处理两种方式。

主动处理是指经纪人在和客户接触之前，提前预估到客户可能提出的异议。与其让客户提出来，不如由中介方提出，这样就能树立公正客观的形象。不过，经纪人也要事先为异议和问题准备好答案，在最恰当的时间提出解决措施。

直接处理又可以分为直接肯定和直接否定两种。对肯定能够解决的问题，经纪人要恰到好处地直接给予客户满意的答复，这样客户就能对经纪人产生信任。对需要否定的问题，当客户明确询问时，经纪人也要直截了当地予以否定，并解释原因，才能让客户消除不必要的担心。

主动处理和直接处理的沟通技巧有以下3点。

（1）倾听客户的意见

经纪人认真聆听客户的异议，不仅有利于把握客户的需求，同时也能让客户感受到经纪人的诚意，从而加速成交。

（2）复述和提问

在客户表达意见时，经纪人应进一步提出问题或进行复述，以充分了解客户的需求和问题，从而明确探讨方向，成功处理问题。

例如，对客户提出异议的主要观点进行重复，借此确认是否弄清楚了客户担心的问题。也可以加上必要的提问，如"您的意思是更喜欢阳台大的房子？"等，并要求客户给予肯定或否定的答复。这样，客户的思路就会跟上经纪人的节奏。在复述、提问、答复和解释的过程中，问题自然会得到解决。

（3）善于举例

在沟通中，单纯的理论说明不足以说服客户。经纪人应随时将工作中遇到的成交情况总结成案例，对其进行分析和总结。这样，当面对新客户时，就会有足够的可借鉴材料，新客户也能借此了解到和自身情况类似的需求是通过购买何种类型房屋而得到满足的，并能加深客户对经纪人的信任。

小节作业

思考并回答下列问题。

1. 在沟通之前，你通常会做哪些方面的准备？

_____

_____

_____

2. 客户最常提出的异议有哪些？

_____

_____

_____

3. 如果想要否定客户的意见，你会用哪些话语开头？

_____

_____

_____

1.2　管理能力：做不好管理，就无法提升盈利能力

仅依靠个人，房地产门店的盈利水平难以得到持续性提高。想要保持强大的集体竞争力，必须结合每个经纪人的职业发展，做好从个人到门店的管理。

1.2.1　如何做好时间管理

在所有重要资源中，时间是最与众不同的。作为房地产经纪人，做好时间管理，就是在为个人职业生涯和门店发展赢得最大的资本。

想要从经纪人成长为合格的管理者、优秀的领导者乃至杰出的组织者，就必须学会时间管理。

1. 象限时间管理法

这一时间管理法由美国管理学家科维提出，在长期实践中得到了大多数职业人士的认可和赞同。该方法将工作按照"重要"与"紧急"两个不同维度划分为 4 个象限：重要且紧急、重要但不紧急、不重要但紧急、不重要也不紧急，如图 1.2-1 所示。

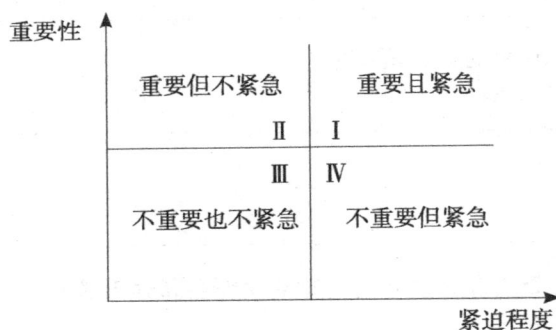

图 1.2-1　象限时间管理法

第一象限是"透支"象限，长期处于这一象限，会让人精力透支而无暇顾他。

第二象限是"质量"象限，决定了房地产销售工作的质量，应该长期坚持。

第三象限是"浪费"象限，其中的事务大多难以直接推动销售业绩增长。

第四象限是"假象"象限，繁忙的假象会蒙蔽管理者或经纪人的眼睛，这种"虚假繁忙"很难提高工作业绩。

根据 4 个象限的特点，经纪人或门店经理可以将一段时间内的各项事务进行划分，排列出工作顺序并严格执行：第一象限的事情应该马上做，例如处理客户投诉、更新销售记录、接待重要客户等；第二象限的事情影响深远，例如进行招聘和培训、研究销售计划、提升管理能力等，这些事虽然不会马上带来销售业绩，长远来看却能提高销售业绩，因此值得花费主要的精力和时间去做。

对于第四象限中不重要但紧急的事，你应学会拒绝或授权他人来完成。尤其对于管理者而言，个人的时间和精力有限，不重要的事情即使紧急，也可以委派其他员工去完成。

如果你是经纪人，则可以利用这一时间管理象限图，分别列出不同类型的工作，并标出优先次序。如果你是门店经理，则可以要求员工根据各自的职责填写该图表，根据他们填写的内容，清楚判断他们如何划分自身工作的优先次序，并由此判断他们的工作认知与部门目标是否契合。

2. 帕累托时间原则

帕累托时间原则是指一件事情收益的 80% 取决于 20% 的原因、投入或努力，又称"二八效应"。在工作时间管理中也有类似原则，如表 1.2-1 所示。

表 1.2-1　帕累托时间原则

投入时间	性质	收益
总工作时间的 80%	次要的多数	成果的 20%
总工作时间的 20%	重要的少数	成果的 80%

无论是门店还是个人，工作中将近 80% 的时间都只能解决多数次要的问题，并带来 20% 的成果。而最关键的 20% 的时间却能够解决少数的重要问题，并带来 80% 的成果。

因此，房地产经纪人在工作中要懂得有重点地分配和使用时间，尽力在有效的时间内做更加有成效的工作，从而提高工作效率。

例如，某门店店长一天的工作事项包括门店例会、与助理讨论月度销售计划、审阅业绩报告、接听电话、准备招聘计划、会见重要客户、辅导新下属、准备工作总结、处理应急事项等。

如果这位店长懂得帕累托时间原则，他就可以根据工作事项的价值比例对其分类。其中，占据 80% 价值的工作包括与助理讨论月度销售计划、审阅业绩报告、会见重要客户、辅导新下属；而占据 20% 价值的工作则包括门店例会、接听电话等。

3. 时间记录法

高效的时间管理也能借助实体工具进行。利用这些工具对个人或集体的工作任务进行收集、排序和分类处理，能够有效提高工作效率。

用于时间记录的工具主要有表 1.2-2 所示的几种。

表 1.2-2　用于时间记录的工具

名称	记事本	文件筐	智能手机	音频设备	笔记本电脑
用途	用于记录并张贴工作任务计划或时间表，也可以用来记录系统的整体计划	用于存放每天的工作计划安排文件	利用智能手机中的记事本、便笺、电邮、微信、QQ 等功能，进行任务事项记录，并辅助管理时间	记录储存需要处理的任务信息	用于较复杂事项的信息储存、应用和管理

经纪人应以精简并符合自身工作习惯为使用原则，从上述工具中挑出最适合的一个或几个。以记事本为例，经纪人无须在记事本上写满要完成的工作任务，而是每天、每周进行回顾，将其中已经完成、不必完成和授权他人完成的事项全部清除即可。

小节作业

思考并回答下列问题。

1. 你每天平均工作几个小时？请列出你的时间使用表。

_____

_____

_____

2. 你是否会经常感到时间不够用？原因何在？

_____

_____

_____

3. 你使用何种工具记录和安排工作任务？是否考虑过改用其他工具？

_____

_____

_____

1.2.2　如何做好个人管理

经纪人的成长离不开强大的个人管理能力。

个人管理与组织管理既有区别也有共同点。

组织管理是管理人员为整个门店或个别下属寻找良好的问题解决方案。而个人管理则是经纪人为自己寻找良好的问题解决方案。只有先管理好个人，才能进一步管理好组织。因此，虽然个人管理与组织管理所针对的对象和范围不同，但其在管理方向上又是基本一致的。

1. 职责管理

在做好个人管理时，每个人必须明确自身的职责所在，秉持尽责的态度去解决问题、管理自己。

每个从事房地产销售的人都有特定的职责范围或工作权利区域。超出个人工作权利区域就容易对他人权利造成侵犯，即使是店长或总经理也一样。因此，个人管理的核心因素在于界定工作权利，如果随意侵犯同事或下属的权利，不仅无法解决客户的问题，还可能降低整体销售效率。

个人工作岗位的权利应当如何界定呢？

首先，要以组织内明确的岗位和职位说明书为依据，来初步界定自身工作权利；其次，对岗位或职位说明书中可能出现的职能交叉情况，应通过协商、授权、汇报等方式协调配合进行解决。即使店长有资格管理所有下属，也不能对每项工作的具体安排都进行干涉。

2. 压力管理

工作中压力无处不在。个人压力管理包括所有能够消除或控制压力源的活动与行为。

压力管理的首要步骤在于发现影响个人工作、生活的紧张性刺激，并教会自己如何正确处理这些紧张性刺激。

经纪人或门店店长需要做好完备的工作和生活计划，进行良好的时间管理，注意饮食平衡和劳逸结合，适当学习放松技巧，培养健康的兴趣爱好，从而保持积极的生活态度。

在感到个人压力较大时，可以通过以下方法进行自我解压。

- 暂时放下手头工作，进行放松解压。
- 一开始不要将目标定得过高，避免力不能及。
- 即使工作紧张，也应保证充分的休息和睡眠，让紧张的神经得到有效放松。
- 加强体育锻炼，通过改变身体状态来提升精神状态，保持身心健康。同时，还应注意健康饮食，摄入种类丰富的食物，减少酒精与咖啡因的摄入量。

3. 情绪管理

普通人的生活与工作状态或多或少都会受到内心情绪的影响。经纪人将消极情绪带到销售工作中就会使销售变得困难；管理者将负面情绪带入岗位就会使整个门店团队受到负面影响。无数事实表明，如果经纪人不懂得主动调整，很可能会被负面情绪影响而导致事业失败。

如何才能保持最佳情绪呢？

（1）控制情绪

每个人的情绪都会因周边环境影响而产生不同的波动。经纪人必须学会控制自己的情绪，力争在最短的时间内将不良情绪消除。

无论是经纪人面对难缠的客户，还是门店经理面对复杂的管理，都应该用理智去约束感情，避免失去理智，引发矛盾。

例如，在面对各种类型的客户时，经纪人都要友好对待，展现出个人的宽广心胸。在面对客户的过分要求时，也应学会科学且艺术地避让，以退为进。

在面对犯了低级错误的员工时，门店经理应该压制住发火的冲动，冷静分析该类错误产生的原因，寻求帮助员工改善的途径，从根本上避免其再出现类似错误。

（2）四不原则

四不原则是指：不苛责、不逃避、不委屈、不遗忘。

对自身和员工的苛责容易导致发火、谩骂等过激行为的发生，引发矛盾；逃避则会让人产生畏难情绪，难以面对工作压力；委屈容易让人变得沮丧而缺乏动力；遗忘则会对经纪人的心灵产生创伤，导致其无法明确新的目标。

（3）积极自我反省

自我反省能够很好地帮助人们调整工作和生活情绪。良好的自我反省方式有以下4种。

①用工作日记对每天的销售过程进行回忆和整理。这种形式既能对工作进行记录，也能对个人思维和情绪加以净化和陶冶。

②读书学习。多看与个人工作、职业、交往等方面相关的书籍资料、影视录像等，这有助于个人心境的不断提高，进而丰富知识、提高境界。

③冥思。放空自我，完成思维状态的新陈代谢。这一情绪调整的方式能够让人想得更深入、更广阔。此外，也可以将冥思与日记的方式结合使用，将思考结果记录下来，能够更好地调整情绪。

④合理宣泄情绪。当情绪高涨时，要将情绪释放出来，例如和朋友一起庆祝或玩游戏等。反之，当情绪低落时，也要将负面情绪宣泄一空，避免增加心理负担。合理宣泄情绪的主要方式如图 1.2-2 所示。

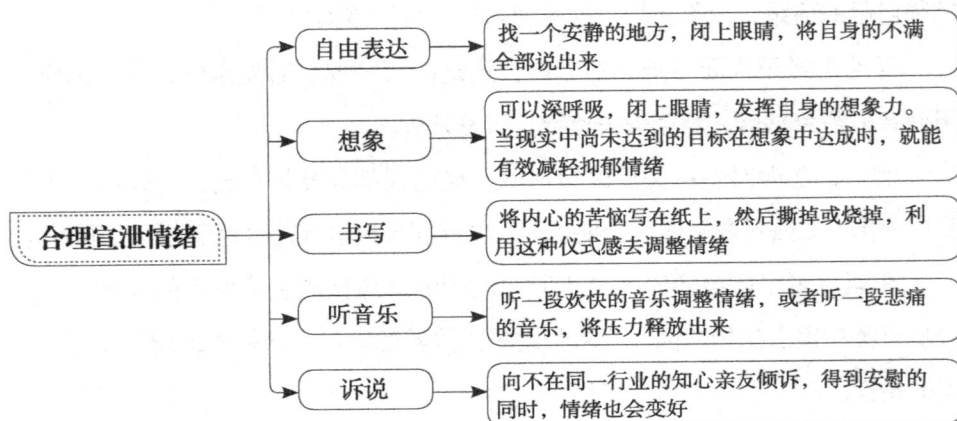

图 1.2-2　合理宣泄情绪的方法

现实中，每个经纪人或管理者都应该有一套自我调节情绪的方法，为生活和工作减少烦恼、增添色彩。

小节作业

思考并回答下列问题。

1. 你的职责是什么？你是如何确定工作权利边界的？

_____

_____

_____

2. 你是否会经常感到郁闷难过？如何排解？

_____

_____

_____

3. 你在什么时候会感到压力巨大？如何解决？

_____

_____

_____

1.2.3　如何做好上下级管理

房地产门店是一个集体组织，组织中的每个人平常接触最多的除了客户就是上下级。与上下级保持良好沟通，能方便及时地掌握店铺销售情况，也能让团队成员之间相互了解。

在工作实践中，管理者和员工必须构建有效的上下级相处模式。

1. 下级管理

门店经理面对下级，不能只是单纯地强调义务和责任，一味讲求死板的制度框架。相反，真正的管理是柔中带刚、润物无声的。下面这些管理法则值得参考学习。

（1）有担当，但不要替员工承担责任

身为上级应当随时体现出担当意识。例如，当员工出现错误时，作为门店负责人，必然立承担失职责任。员工是自己的管理对象，下属犯错，同样是上级的失职。因此，门店经理应当积极自我检讨与反省，弄清楚事实的真相，分清楚责任归属，再决定是批评还是处罚员工。

同时，责任的具体承担也应区分不同情况。经理不能经常性地为员工承担其该承担的责任，否则会让员工产生依赖心理。让员工承担应该承担的责任，他们才能在犯错之后吸取教训、迅速成长。

（2）适度参与

毫无疑问，管理者大部分的工作时间都是与员工一起度过的。但如何平衡参与度，则考验着管理者的管理智慧。

从某种意义上来看，总是喜欢和员工一起工作的管理者有着强大的亲和力，能够和员工打成一片。相反，总是动口而不动手的管理者看起来很有威严，却不容易得到员工的充分信任。

然而，管理者过度参与也会带来负面影响。例如，员工容易产生依赖心理，总认为有上级"兜底"，员工个人的执行力就无法得到真正提高。同样，管理者过度脱离实际，也会让员工心生不满。

管理者既要懂得协调和安排员工工作，也要在必要时亲自示范或参与，这样才能让员工心服口服，产生充足的学习成长动力。

（3）公私分明

一个好的团队领导对每个员工都应是公私分明的。生活中可以与下级成为朋友，但工作并不同于生活，管理者必须让下属清楚工作和生活的区别。

例如，无论和员工私下关系如何，门店经理都要对他们提出相同的要求。工作时执行力强、服从安排是最重要的要求，出现错误就要接受相同的批评和处罚，业绩优秀时也应得到相同的奖励。这样，员工才能凝聚成强大的集体。

（4）与员工多交流

不少房地产企业或门店的管理者虽然发自内心地关心员工，但员工似乎并不领情。遇到这种情况，管理者有必要重新审视自己对员工的关心是否具体、精准，是否满足了员工不同的需求。此外，还要重新审视自己在工作中是否做到了不偏不倚、公平公正地对待每位员工等。这些因素都直接影响到员工是否愿意同管理者进行交流。

在和员工沟通时，管理者要积极表达自己的诚意，鼓励员工说出真实想法。

如果他们的意见是正确的，就要公开进行肯定，并在工作中推广和落实。员工受到这样的鼓励，未来就会产生更强的沟通意愿。

2. 向上管理

卓有成效的经纪人不仅懂得执行，还要在工作中充分鼓励上级的协作意愿，使之"为我所用"。这种"管理"方式称为向上管理。

事实上，在今天的房地产企业中，经纪人并没有充分意识到管理上级的重要性。许多人也许会问："自我管理和客户管理是理所当然。但我身居下位，如何才能管理我的经理？"其实，管理上级并不难，掌握下面这些原则，你就能了解其中的奥妙。

（1）以正确的方式提出建议

任何上级都有其长处与短处。如果能够充分认识并发挥上级的长处，就能让自己在工作中受益，并被广泛认可。

为此，在面对上级时，你必须用最快的时间摸索并适应其做事方式。这种方式有可能是面对问题的一贯态度，也有可能是多年养成的工作习惯。例如，面对喜欢直接汇报的门店经理，经纪人不能洋洋洒洒地写上数千字的工作汇报，然后指望领导耐心卖完。同样，面对那些喜欢从文字中了解问题所在的领导，你也不能太过随意地与其进行交流。

经纪人向门店经理提出建议和看法时，要考虑的不只是内容，还有表达方式。采用正确的顺序和形式去提出要求和汇报工作，便于上级尽快掌握问题的核心，从而引导他们发挥其长处，给予你更大的支持力度。

（2）保持沟通

要和上级保持频繁沟通，例如汇报工作、请求指示、探讨问题、争取支持等。在实际工作中，有些下属不愿意或不习惯与上级保持沟通，认为只要把手头的工作做好就行了。其实，这样很容易陷入吃力不讨好的怪圈中。此外，门店领导会接触到更大范围的市场信息，如果不及时与上级进行沟通，很可能会错误解读上级的意图，甚至跟不上整个市场的发展变化。

（3）尊重并维护上级权威

身为下属，对上级的尊重与维护必不可少。千万不要觉得自己工作能力强、经验丰富而轻视领导。相反，在工作中要懂得欣赏、支持与维护上级，一旦上级认同了你的能力，你就会成为团队中的骨干，从而获得更多的工作资源。

小节作业

思考并回答下列问题。

1. 如果你是门店经理，你打算如何了解所有下属？

_____

_____

_____

2. 你平均多久在上级面前"曝光"一次？与其沟通的主要内容是什么？

_____

_____

_____

3. 如果你感到问题棘手，会同哪些人沟通商量？

_____

_____

_____

1.2.4　如何管理好利润率

对于在房地产中介行业从业多年的经理人而言，可能只需要去门店现场待几天就能了解其经营情况。然而，想要真正管理好一家门店，明确从哪个方向着手提高业绩最快，就要通过科学方法来了解和管理利润率。

通过数据去重新解构利润率，门店经理才能实现利润的迅速提高。

1. 损益表

损益表是最能直接体现盈亏的数据表。门店利润是营业额减去材料成本、租金水电、人力成本和运营费用，这些数据都会体现在损益表上，其中毛利率所能达到的高度往往直接决定了利润率的高低。

在解读损益表的过程中，有两个指标比较重要。首先是毛利率，如果毛利率太低，说明销售业绩下滑；其次是费用比例，门店的费用比例都有临界线，如果高于临界线，就说明管理出了问题。

2. 客户

通过分析与客户相关的数据，门店经理能够找到提高利润率的关键点与方向。门店之所以利润率不足，可能是引流不足、转化不够，也可能是效率不佳导致成本较高。

在管理客户数量时，应着重分析两个指标：客户保有量和客单价（客户平均购买商品的金额）。

客户保有量是指每个月进入门店的客户数量。在房地产中介行业，客户流动很正常，每个月都有新客户，也有只是路过了解或直接流失的客户。但门店若要稳定经营，每个月的客户保有量应基本稳定，如果出现持续下滑或客单价下降，都有可能导致利润率下降。

3. 品类和转化率

通过分析客户数量能判断基本宣传和营销服务对利润率的影响；通过看房源品类则能发现直接的增长空间。房地产门店通常会把业绩分解定位为二手住宅房中介费用、租房业务、商业地产业务、写字楼业务、仓库业务等，然后对每一品类定出利润目标，以此要求月度的利润增减变化。在此过程中，转化率的管理相当重要。

门店经理可通过锁定每个品类的服务，计算使用该品类并付费的客户量占总体客户量的比例，判断该项目的转化是否到位，并进一步对门店的利润率进行管理。

例如，某门店业务以写字楼租赁为主，客户转化率在 70% 以上；而在商铺租赁服务版块，其客户转化率能达到 50% 就不错了。但如果是以商铺租赁品类为主的门店，情况则应该相反。

不同门店的主营业务不同，其对转化率的衡量标准也有所不同。房地产中介门店应该懂得将最重要的服务转化率作为重要的利润指标进行管理。

4. 效率

效率是指一个门店达到标准利润率所付出的成本，可用来衡量门店的利润增长能力。

对效率的衡量通常有两个维度：单工位产出和人均产出。众所周知，中介门店最大的运营成本是租金和人工费用。例如一单二手房买卖中介业务，如果只是算硬性成本可能很低，但如果将经纪人工位的薪水和时间算进去，门店管理者可能就会大吃一惊。因此，如果在利润率管理中发现客户流量不低、业绩不错，但利润率却不高，门店经理就要反思效率的问题。

门店利润率管理水平的高低取决于数据化运营思维与方法是否成熟。做好对数据的分析判断，才有可能让门店的生意越来越好。

小节作业

思考并回答下列问题。

1. 在过去 3 个月中，你所管理的门店利润率分别是多少？

_____

_____

_____

2. 在过去 3 个月中，门店客户转化率分别是多少？你打算如何提高？

_____

_____

_____

3. 在过去 3 个月中，门店单工位产出分别是多少？每个工位的表现对整体利润有何影响？

_____

_____

_____

1.3　招聘能力：团队才是利润扩大的保障

招聘优秀者不断进入房地产门店，以此来构建一个强大的团队，门店利润逐步上升将不再是梦想。

1.3.1　如何说服新人加入团队

美国迪士尼公司为了表示对应聘者的尊重与重视，采取了一系列招聘措施来吸引新人。当应聘者前来面试时，招聘人员会主动向他们发放详细列有工作条件、规章制度及公司岗位职责的小册子，以便他们对迪士尼公司进行深入了解。除此之外，来面试的新人还能够通过可视电话、网络与公司相关人员对话沟通，提出问题，了解情况。

正是因为采取了一系列吸引新人的措施，许多求职者都喜欢上了这家公司的环境和团队，渴望早日加入。

房地产企业也应运用多种技巧去吸引更多的人才加盟。

1. 招聘海报应吸引眼球

过去，企业在发布招聘海报时，经常将岗位说明书的内容直接从别处复制。然而，在社会化网络媒体时代，每个人都面对着海量的信息，这种传统的海报制作方式可能已经很难吸引新人加盟。

目前，房地产门店经纪人的招聘海报内容容易陷入两个极端：一种是"挂羊头卖狗肉"，招聘的虽然只是销售代表，但却包装成高级顾问，工作职责也只有寥寥数语，显然文不对题；另一种则将要求写得太高，"必须是×××专业、××年行业背景……"，这又会将原本充满挑战热情的人才拒之门外。此外，不少房地产门店的招聘信息都互相抄袭，结果反而暴露出门店招聘工作的不严谨、不规范。

考虑到今天的阅读行为大多处在移动终端，人们的关注点转移速度快，招聘信息只有在最短时间内突出亮点，才能吸引新人。

真正能够吸引求职者的海报通常都有以下特点。

（1）软文特质

移动互联网时代的好广告大都带有某种软文特质。例如，门店销售经纪人的招聘海报可以向阅读对象明确指出"您将从事的工作""您将获得的机会"，并提出"您需要具备的能力和态度"等条件。这样不仅可以吸引人才，还能够宣传门店。

（2）站在求职者的角度思考

经理要站在求职者的角度思考，不能单纯地告诉对方应该做什么，而是要让新人了解自己能获得什么，以此充分体现职位的吸引力。

例如，可以在招聘海报中描述经纪人的职位发展路线图，从经纪人到店长助理，再到店长副理，直至店长等。又如，可以直接展示数字，告诉新人入职后的收入、职位提升后的收入、现有员工平均收入等，以"真金白银"打动新人。

（3）语言简洁明了

越是简短有力的语言越能够吸引人。门店经理不要试图将太多信息一次性地展现，职位信息应尽量言简意赅，才能引发求职者的阅读兴趣。

例如，某房地产中介门店要招聘一名房地产顾问，工作地点在北京。招聘信息可包括以下内容。

你会经历二手房中介、租赁中介等各种挑战。你需要具有抗压、不服输、能吃苦、会钻研的精神。这里有优秀的领导与团队意识超强的队友。最重要的是，我们期待你的到来。

又如以下招聘信息。

跨国企业的平台、年轻有活力的同事、免费的午餐、丰富的晋升机会、蓬勃发展的市场。这些你想拥有吗？现招聘房地产经纪人两名！在这里，你再也不是普通的销售员工，而是由我们带上你向成功的路上狂奔！

在互联网化的社会传播浪潮下，企业管理者必须懂得将需求转化为可视、可听、可联想的文字再进行表达。

（4）表达结构化

招聘海报的表达务必结构化，门店经理应首先对信息进行必要的归类，明确先说什么、后说什么，充分做好安排，传递丰富、精准的信息。

2. 洽谈过程

经过初步的面试和笔试之后，门店管理者要与新人进行洽谈，通过这一过程帮助新人初步了解门店现状，充分营造职位的吸引力，帮助新人燃起斗志。

洽谈包括以下两个要点。

（1）了解动机

首先，门店经理应围绕重要问题了解新人的想法，即"应聘者想从岗位和公司中得到什么"，之后再考虑能否为他提供这些。

对此，经理需要提出更为明确的问题，有针对性地了解哪些因素能够真正吸引对方。例如"在学习和工作生涯中，哪些时刻最让你有成就感？""你最近在做的事，哪些让你感到很有趣？"

如果通过提问无法完全了解新人的兴趣与动机，也可以试着改变方向，了解他们从过去的学习和工作中得到的最有价值的技能与经验。新人回答这些问题的方式与答案，有助于门店管理者了解他们的动机需求，并在接下来的洽谈内容中融入这种需求。

（2）调动积极性

在洽谈过程中，有些门店管理者会过早地向新人推销本行业、本企业。实际上，如果不能充分调动他们的积极性，就无法引发他们的兴趣，也就无法让他们积极加入团队。

为了保持新人的兴奋度，当面试或洽谈结束时，管理者可以让新人做简短的总结，陈述他们的想法。也可以由面试的门店领导做出总结，从而以积极的态度和完美的方式结束洽谈。这样，新人会感到自己获得了个人展示的机会，而面试与洽谈也由此成为双向的选择。

3. 宣布聘用

向新人宣布聘用决定是入职之前的必要手续，也是向新人简单说明薪酬福利的环节，抓住这个让新人最激动的时间点，能够让团队的吸引力发挥到最大。

在宣布聘用决定时，经理可以做好以下这些事情。

（1）回顾面试

此时，经理可以和新人共同回顾之前的面试过程，如果新人对面试过程印象深刻并表现出积极加入的意愿，展现出其对门店和企业的了解，就可以进入下一步。

（2）提醒亮点

在回顾面试时，大多数新人的回复往往是"感觉还可以"。此时，经理要提醒对方在面试洽谈中表现出的亮点，使其意识到自己的优势。

（3）解决问题

随后，经理要重点与新人沟通其关心的问题，鼓励他们坦率地将困惑说出来，例如提成比例、工资底薪、工作目标、制度纪律等。最重要的是通过对这些问题的解答，让新人觉得加入团队是一个非常好的选择。

（4）指导信息

在宣布聘用决定的同时，门店管理者可以向新人介绍团队成员并安排有丰富工作经验的员工对其进行指导，还可以向新人介绍团队内与他兴趣一致、技能互补的新同事。这样，新人就会对未来的工作环境充满期待。

小节作业

思考并回答下列问题。

1. 请用 250 个字草拟一篇具有吸引力的招聘信息。

_____

_____

_____

2. 你认为新人最关心的问题有哪些？

_____

_____

_____

3. 你打算如何向新人介绍团队同事？

_____

_____

_____

1.3.2 如何挽留同事一起奋斗

员工的流动性是房地产中介行业人力资源管理的重要特点。调查显示，在这一行业中，有 40% 的员工辞职是经过了深思熟虑的，还有 20% 的员工辞职只是盲目决定，而剩下的 40% 员工的辞职行为则介于两者之间。如果门店管理者能够及时采取积极的措施应对，很多打算辞职的员工都有可能被挽留下来，让整个团队的运行更为稳定。

那么，门店管理者应该如何挽留员工呢?

1. 迅速反应

当门店经理察觉到员工的辞职意向时，应当在最短的时间内做出反应。例如与相关管理团队和重要员工商讨意见，并利用可能的方式向该员工表示挽留。如果经理忽略了员工的去意，就很难挽回。

对员工辞职的反应越快，就越能帮门店赢得准备时间，也能表明领导挽留人才的诚意，展现企业对人才的重视。

2. 识别动机

不少领导得知重要人才打算离职时，总是试图用更高的职位和薪资去挽留他们。实践证明，这样的挽留效果并不理想。实际上，每个员工离职的原因并不相同，只有了解每个人的离职动机，并为其量身定制挽留方案，才能真正挽回员工的心。

门店经理可以从正面或侧面了解员工离职的动机，包括与其开诚布公地交谈、从其好友或客户处了解，或者通过询问其他有经验的员工进行了解，保证信息的正确和全面。

3. 制定方案

在准确了解员工的离职动机之后，应该针对不同情况，制定对应的方案，实现对员工的挽留。

一个成功的挽留方案，应包括以下两方面的内容。

首先，要有针对性地解决那些导致员工萌生去意的问题。门店经理一定要从员工的诸多表达中找出其辞职的主要原因。解决了主要问题，其他的次要问题也就迎刃而解了。

其次，如果确实是企业目前的客观因素使其辞职，经理也要及时与其沟通，站在客观的角度分析现在与未来的工作及个人的强项和弱项。

当然，这并不意味着对员工的所有需求都无限度和无条件地满足。作为团队领导，要把握好谈判进度，确定标准，既要能够吸引员工回到团队继续工作，又要保持平衡，避免其个人需求凌驾于集体利益之上。

4. 动之以情

除了和员工充分沟通，积极满足其合理需求之外，门店经理还应当对其动之以情。

例如组织员工的家人、朋友和同事聚会，事先做好游说工作。

5. 引导员工拒绝对方

当挽留成功后，经理应及时安抚员工并做出保证，以解除他们的后顾之忧。

此时，最重要的应该是劝说员工，让他们及时联系邀请其跳槽的企业，委婉拒绝对方的邀请。这样，既能够阻止对方再来劝说员工跳槽，也能防止竞争对手再来挖走门店的其他重要人才。

成功挽留员工之后，门店经理依然要仔细思考员工辞职或跳槽的原因。只有解决了团队内部隐忧，才能防患于未然，提升团队的凝聚力。

小节作业

思考并回答下列问题。

1. 在过去一年中，你管理的门店有多少员工离职？其离职的主要原因分别是什么？

_____

_____

_____

2. 通常你在什么时候知道员工想要辞职的消息？是否尝试过挽留想要离职的员工？

_____

_____

_____

3. 你如何看待和处理员工被竞争对手挖墙脚的问题？

_____

_____

_____

1.4 演说能力：好的门店经理必须是卓越的演说家

演说是沟通的工具，也是门店经理必须具备的能力素质。

管理者需要以高超的演说能力去凝聚团队的人气，让成员更好地贡献自己的力量和热情。

1.4.1 门店经理应该具备哪些演说能力

1. 有吸引力的开场白

在日常管理与接待客户时，门店经理要结合实际场景进行演说。要想让演说吸引听众、得到认同，除了翔实丰富的演说内容，还要有出色的开场白。

（1）幽默式

以幽默、诙谐的语句或小故事开头，能够迅速吸引听众的注意力，激发他们的兴奋点。

某位店长就职演说时以这样的方式开场："我今天不是来做什么就职演说的，我是来和大家一起把事情做好的，因为我姓郝！"他的话音刚落，便引来下属会心的微笑。

这样的开场白不但巧妙地介绍了自己，也拉近了与听众的距离，为演说的整体展开铺垫了良好的气氛。

（2）故事型

门店经理可以用形象而生动的语言来讲述简短的故事，以此作为演说的开场白，从而引发听众的兴趣。

某位经理在发表演说时，采用了这样的开场白："今天早上，我打了辆车，司机问我的职业，他一听我提到房地产中介，就说：'这个行业真不错，你看房价的未来趋势会什么样？'"

这个故事情节简单，叙述朴实，内涵却丰富而深沉。它既说明了房地产中介行业在普通民众心目中的地位，也表达出潜在客户群体的庞大，传递给下属希望。随后的演说主体部分自然会因此而更加顺利。

（3）自嘲型

如果门店经理与员工或客户不太熟悉，可以考虑用自嘲的方式开始一段演说。例如："我承认我长得不帅，但我的心地很善良。"这样的自嘲表现出经理的随和、幽默，用这样的方式开场能够赢得广泛的支持。

无论采用何种方式开始演说，其主旨都应围绕着吸引听众的注意力而展开。

2. 生动的语调语速

事实上，门店经理在演说时不应过于追求流畅。在语速稍慢的情况下，语调有明显变化反而可以更明确地突出演说重点，增强语言的表达效果。这就要求门店经理在讲话时重视语调的抑扬顿挫、轻重缓急。当陈述重点时，即使内容比较单一，语调也应饱含情感；在提示员工注意时，即使是不起眼的小事，也应放慢语速，让内容娓娓动听，不至于枯燥平淡。

3.清晰的内容结构

演说并不需要长篇大论，尤其是在门店的日常经营中。经理可以在演说之前将想要传达的内容写在纸上，列出主次，分配好时间与顺序，形成具体明确的提纲。在演说中，可以用"第一、第二、第三"或者"首先、其次、最后"的提示词，帮助听众理顺结构、明晰思路、了解重点。

小节作业

思考并回答下列问题。

1.请用100个字以内的篇幅，草拟适合门店经理就职演说的开篇故事。

_____

_____

_____

2.在日常演说中，你通常会将内容分为几个要点？

_____

_____

_____

3.在日常会议中，当发现有员工似乎听不懂演说的内容时，你会怎么做？

_____

_____

_____

1.4.2　门店经理如何以演说建设团队

培训并提高员工的工作能力，是门店为提高绩效和长期发展所必需的团队建设步骤。如果门店经理拥有高超的演说能力，团队建设的速度和效果也将会因此而提升。同羊，普通经纪人要想成为一名成功的领导，不仅要有足够的工作经验，还要能用一流的语言技巧去阐明这些内容，让自己成为团队的核心。

你可以用下面这些演说技巧去进行团队建设培训。

1. 阐明培训目光

在团队建设培训尹始，领导要进行简短的介绍，向受训人员说明本次团队建设的目的和内容、预定的目标、应达到的建设标准、计划的共同协作性。

门店经理应设身处地地从团队受训人员的角度考虑问题，并加以说明。这样，员工就能知道他们该如何做、你期待他们做什么。当然，经理在这一演说中应保持公平，避免表现出对员工期待方面的个人倾向性。

2. 引发并保持员工的兴趣

在演说时，经理应吸引员工的注意，并提高他们对团队建设的兴趣。达成该目标的关键在于向员工提问，了解他们打算如何参加活动，然后再将其想法和安排融入进去，使他们更好地投入培训。

在说明团队建设的内容时，经理为对活动要点做出口头解释，确保员工能够集中精神倾听。可以降低声音，吸引员工注意话语的内容；也可以改变姿势，让他们意识到内容的重要性。

在演说中，还可以利用写字板和笔等工具来辅助，画出重点，用线条、箭头、圆圈等标识突出强质。这样，员工就会对整个活动的步骤有形象化的了解。

3. 吸引注意力

培训授课是团队建设的重头戏，如果你发现在授课过程中有人注意力不集中，可以暂停演说，通过点名提问的方式来使其提高注意力。

你可以说"小李，你觉得这些方法应怎样运用在电话推销中""小赵，你觉得刚才这些技巧对你有什么帮助"等。

这样可以将那些暂时不够投入的人重新拉回到团队建设活动中。

4. 慎重对待反对意见

当门店经理在演说过程中受到质疑时，应采取慎重的态度向员工询问。在提问中，你要弄清楚对方为什么反对你的观点，他们希望获得怎样的知识和方法。为此，你要充分做好准备，引用可靠的参考资料来支持自己的观点。

当然，经理也可以用反问的方式对不同意见进行反驳，你可以问"那么，你认为应该怎么办""你能否在这一点上阐述得更明白些"等。

如果员工认为你说的内容不够全面，他们会说出自己的想法，这样，团队建设就发挥出了应有的效果。如果他们无话可说，你可以继续阐释培训内容，而不用花费更多的精力与之争辩。

5. 称赞员工

在团队建设中，指导与反馈是演说的必备内容。例如，经理可以对员工说："我觉得昨天你在活动中表现得很好，但你还可以改变一些想法，这样就能更好地提高。"通常员工都会进一步提问，了解自己应该做出怎样的改变。

如果你发现在团队建设活动中某些员工的表现很好，也可以将对其的看法贯穿在演说中，例如点名表扬、表示祝贺等。他们会因此受到很大的鼓舞。

6. 运用肯定语气

在关于团队建设的演说中，要经常使用肯定语气来发表看法和意见。

例如，对员工日常工作中的行为进行评论时，不应说"你们不要这样做"或者"这样做是不对的"等，相反，"这样做可能会更有效果"等类似说法更能引发不同意见，使讨论顺利进行。

小节作业

思考并回答下列问题。

1. 在你的门店，团队建设的培训形式有哪些？经理演说通常安排在哪个环节？

_____

_____

_____

2. 在关于团队建设的演说中，你会点名表扬员工的何种行为？

_____

_____

_____

3. 如果员工不认可你的评价，你会怎样做？

_____

_____

_____

1.5 综合能力：综合素质过硬才能实现成交转化

具备一定的综合素质，是成为优秀经纪人和门店经理的基本条件。拥有过硬的综合素质，才能适应不同的环境，克服困难，迅速实现成交转化。

1.5.1 洞察能力

在房地产中介的销售实践中，有些人更善于察言观色，能从客户的一言一行乃至面部表情中捕捉到成交机会，而有些人则显得较为迟钝。经纪人的敏感性和洞察力有显著差别，要想做好客户的成交转化，房地产经纪人就要具备细致入微的洞察能力。

下面是提高洞察能力的要点。

1. 观察并适应变化的能力

门店经纪人是在不断变化的竞争环境中工作的，从日复一日的工作中观察变化、适应变化，能够改善经纪人的业绩。例如，观察一段时间内客户群体的变化、成交额的变化、热门房源的变化等，都能够让经纪人更了解市场真相。

2. 搜集和分析信息的能力

除了在销售工作中积累经验外，经纪人还要加强对市场信息的搜集和分析。越是了解竞争对手，越快得到第一手数据，经纪人对市场的了解也就越深入，应对变化的能力也将不断提高。

3. 敏锐的观察能力

要想深入了解客户的心理活动，经纪人还要训练出敏锐的观察能力，准确判断客户的特征。例如，掌握客户的习惯性动作，如晃动脚尖、抬起眉毛等，或者记住他们的口头禅、熟悉他们的语气等，都会让客户内心的想法在你面前无所遁形。

小节作业

思考并回答下列问题。

1. 你是否有渠道了解其他房地产中介门店业绩数字的变化？如何维系这种渠道？

_____

_____

_____

2. 在谈判中，你最容易发现客户哪些表示赞同的小动作？

_____

_____

_____

1.5.2　调研能力

随着房地产市场竞争的加剧、消费者需求的多样化，市场调研工作越来越重要。市场调研能够为经纪人个人和门店制定行动决策提供可靠的依据。

市场调研能力是指系统、客观地分析销售活动所需的各种资料或数据的能力。掌握和运用调研的理论、方法与技巧，对房地产中介销售非常重要。根据不同的销售目的，调研能力运用的侧重点也有所不同，其主要能力构成包括以下几个方面。

1. 市场需求调研能力

市场需求是房地产中介销售的出发点。要想占据优势，经纪人就必须详细了解不同客户的需求，以满足目标客户的需求。

市场需求调研能力包括通过各种渠道了解市场需求的总体房源数量、不同种类的房源量、季节性变化情况、现有客户的需求情况等。

2. 房源产品调研能力

房源产品调研能力即以房地产为特定商品对象，对相关的产品信息进行系统搜集、整理、记录和分析的能力。经纪人应主要掌握以下 4 项能力。

（1）产品分析能力

学会分析楼盘的地理位置，包括楼盘区域的历史沿革和特性，如房源处于商业中心、工业中心还是学校社区等；了解房源所在区域的交通状况，如公交、地铁、高架、轻轨、省市级公路、区县级公路等；了解房源所在区域的公共配套设施和社区环境等情况。

具体到不同的产品，要学会分析房源所处楼盘地块的大小、形状、位置、附近情况、进出道路、是否临街等。此外，还有房源建筑面积、设计外观、户型面积、格局配比、建筑用材、公共设施等。

对产品因素的分析中，公司组成也是相当重要的构成内容，即房源所处楼盘的投资、设计、建筑和物业管理等主要承担公司，其品牌、资质、历史、信誉度如何，相互之间的合作模式如何等。对公司组成的分析能够帮助你间接评估房源产品的价值。

（2）价格分析能力

对房源价格的分析主要应集中于产品的单价、总价和付款方式这3个方面。经纪人需要单独搜集这3个方面的信息，再将对三者的分析统一结合，形成全面信息，从而有效地剖析价格组合的具体针对对象与优劣势所在。

（3）广告分析能力

房地产营销离不开广告策略，而广告效果如何直接取决于营销者对广告的分析能力。房地产经纪人尤其是门店经理应学会对一则广告从多方位进行分析，主要包括诉求点的把握、媒体平台的选择、广告密度的安排、具体实施效果等。

（4）执行分析能力

身为门店经理，必须懂得研究销售执行的效果。在对员工的销售执行行为进行分析时，经理需重点提升两方面的能力：一方面是对具体业务的分析能力，如工作岗位的配置、人员的配置、业务的执行所产生的业绩等；另一方面则是对实际执行结果的分析能力，如了解一段时间内何种户型销售得最好、何种产品总价最受欢迎、吸引客户的最主要优势是什么、签约客户群有何种特征等。这些都是在对执行结果的分析中需要了解的。

3. 区域市场调研能力

除了对单个产品的相关信息进行分析外，经纪人还应具备区域市场调研与分析的能力。一般来说，这主要包括区域分析能力、区域产品分析能力和需求特征分析能力3个方面。

（1）区域分析能力

区域分析能力是指经纪人在特定营销区域中，对影响房地产市场的区域特征、发展规划、交通干线的分析能力。这种分析能力来自对单个产品的地理位置熟悉程度，这对经纪人整体分析、战略眼光和宏观评估等方面的素质提出了较高要求。

（2）区域产品分析能力

经纪人在分析区域情况时，应侧重了解并分析某个特定区域范围内房源产品楼盘的总量、类别、单价、总价、营销手法、市场空白点等内容。在这一分析过程中，能力发挥的关键在于认真研究区域产品的共同点与不同点，以及市场因此产生的不同反应。例如，某区域的房产产品大都是同一时期修建的住宅房，市场价格与产品品质接近，但其中却有一处房产的销售情况更好，这就是调研分析应重点关注的内容。

（3）需求特征分析能力

需求特征是指某一特定区域内人口的数量、密度、结构与人口素质、家庭规模、购买力水平等。对需求特征的调研和分析可以帮助经纪人更直接地从客户的角度去审视区域产品，帮助创新产品的销售方式。

调研分析能力是建立在不同市场范围的调研基础上的。经纪人要想提高调研分析能力，应该从详细调查某一处楼盘开始，随后以该楼盘所在的街道为脉络延伸，对整个街道的所有楼盘仔细调查。最后，再以该街道为基准，分别调研周边各条街道的产品情况。通过从点到线、从线到面的比较、分析、归纳与总结，经纪人对市场、产品和客户的状况就会了如指掌。

小节作业

思考并回答下列问题。

1. 你每周有多少小时用于外出市场调研？分别在每天的什么时间段？

_____

_____

_____

2. 请设计一张针对所在区域客户群体的需求调研表。

_____

_____

_____

1.5.3　社交能力

经纪人和门店经理是房地产中介企业一线的人员，他们每天和不同的客户接触。要想开拓市场、拓宽客源，就必须具备相应的社交能力。

社交能力强的人，即使进入陌生的环境也能迅速适应并开展工作，因此，社交能力能否有效提高，是衡量销售者能否做好本职工作并不断进步的重要标准。

与营销有关的社交场合无处不在，不论是休闲旅游、体育运动还是宴会、同学聚会等，都能锻炼经纪人的社交能力。要想在这些场合有所斩获，经纪人需要做好以下工作。

1. 充分准备

经纪人首先要强化社交意识，对自身的社会角色、义务与责任准确定位；其次，要进行口语话术、思维敏捷性和言谈举止的训练，参照不同案例和书本知识，掌握与人交往的方法与技巧。

在沟通中，待人应该诚恳热情、言行一致。无论是面对客户还是同事，都要主动站在对方的角度思考，做到适应不同的情境与对象，态度热情礼貌，言语自信有力，思维逻辑缜密。如果经纪人兴趣广泛、信息多元，面对不同客户都有良好且充分的共同话题，就能轻松提升社交能力。

当然，准备工作也包括管理自身形象。经纪人应从发型、衣着、修饰等方面进行自我设计，在不同场合塑造出良好的个人形象。参加不同的社交活动，都要在穿着、礼仪方面做足准备。

2. 积极巧妙地展示自我

社交场合是难得的锻炼机会。如果不懂得积极巧妙地展示自我，经纪人也就失去了拓展客户的机会。所谓"展示自我"，是指在较为放松的环境下进行展示活动。

社交场合的主要任务是结交新朋友。因此，经纪人既要敢于展示自我，又要巧妙把握分寸，给潜在客户留下深刻印象，将营销跟进和交易促成等工作的基础打好。

3. 维护关系

一般而言，社交场合为建立朋友关系提供了机会。在接触并认识了新朋友后，经纪人应懂得寻找进一步深入的机会，巩固和维护这种交往关系，使得友谊不断深化，将新朋友变成老朋友。

某位房产咨询顾问有一个特殊的名片夹，这个名片夹里收藏的是其在不同场合认识的潜在客户的名片。除了将每个客户的名片进行归类之外，他还给这些客户编写了联络档案，上面详细记载了与这些客户的联系情况，其中包括什么时候见过面、打过电话，具体谈了什么，客户的反应、成交意愿等。这样，他就能够有重点、有依据地按顺序邀约客户、维护关系，其社交能力也从中迅速得到了提高。

小节作业

思考并回答下列问题。

1. 列出你最擅长与最不擅长的社交场合。

_____

_____

_____

2. 目前你有多少潜在客户？打算如何维系与他们的关系？

_____

_____

_____

1.5.4　应变能力

经纪人在面对之前没有遇到过的事情，或是在没有思想准备而遇到突发情况时，能够迅速做出反应并找到解决办法，最终圆满成交，依靠的正是应变能力。

例如，经纪人正在与一位新客户洽谈时，一位老客户突然打来电话，表示要撤销之前的购买承诺。此时，经纪人既想挽回老客户，又担心在新客户面前泄露信息。面对这种突发情况，经纪人应冷静地回复道："这当然没关系，不过，我现在正和一位朋友谈要紧的事，我们明天见面再详细谈谈如何？"一般情况下，老客户就不会在电话里再讨论下去了，而新客户会因为得到经纪人的重视而高兴，也会略感抱歉，从而有利于达成交易。

类似情况在销售的过程中随时都可能出现，因此，经纪人的应变能力相当重要。应变能力没有固定的模式，却能够在突发情况下帮经纪人巧妙化解问题和避开不利因素，不因意外事件而影响销售进程，甚至能够将突发情况转化为有利条件，促成交易。

为了锻炼应变能力，经纪人要着重进行以下 3 个方面的实践。

1. 创新意识

为了有效地发挥自身的应变能力，经纪人在工作中应学会随时发现新情况和新问题，在不断尝试解决问题的过程中总结出新的经验。

对于销售过程中那些从未遇到过的情况，经纪人首先应镇定应对，理性思考，告诉自己没什么可担心的；其次要能够认真分析、勇于尝试，大胆设想新的解决办法。

2. 提升逻辑思维能力

在看似普通的日常工作中，经纪人一定要学会提升逻辑思维能力。这需要遇事先理清思路，再进行表达。在阶段性工作结束后，也要做好反思笔记，分析结果，从中汲取经验和教训。

此外，经纪人还应经常追究问题出现的原因，例如客户突然提出"价格太贵"等问题的原因。只有看到深层次动机，才能在下次出现同样情况时抓住根源。

3. 懂得转换话题

在销售过程中，最常见的意外往往来自选择了错误的话题，或者由于话题中断而造成了冷场的局面。错误话题延续的时间越长、冷场时间越长，交易就越容易失败。因此，当经纪人意识到话题陷入僵局时，要平静礼貌地应对，找到熟悉而有效的话题向客户提问，将客户的兴趣点转移到正确的方向上来，从而让销售活动进行下去。

小节作业

请完成下面的应变能力自测表。根据你常见的销售行为表现，给自己的应变能力打分。

（1）在你的销售工作中，如果工作条件或实际情况与预期有了偏差，你能否尝试通过其他方式或途径处理（但有时需要他人协助）？

　　A. 总是　　　　B. 通常是　　　C. 基本可以　　D. 不能

（2）在自己的销售工作中，你能否通过多种方式或途径处理好遇到的新问题或新情况？

　　A. 总是　　　　B. 通常是　　　　C. 基本可以　　　D. 不能

（3）面对突发事件，你能否迅速掌握主要情况，并审时度势，判断主要原因，根据情况做出决定？

　　A. 总是　　　　B. 通常是　　　　C. 基本可以　　　D. 不能

（4）面对突发事件，你能否沉着应对，迅速稳定当前的局面，并采取适当措施来调集资源、寻求帮助，从而迂回解决问题？

　　A. 总是　　　　B. 通常是　　　　C. 基本可以　　　D. 不能

（5）当遇到较为严重的突发事件时，你能否迅速整理信息与思路，设计出可行方案，并根据最终目标，在方案执行过程中调整战略，迅速行动？

　　A. 总是　　　　B. 通常是　　　　C. 基本可以　　　D. 不能

评分规则如下。

1. A 得 5 分，B 得 3 分，C 得 2 分，D 得 0 分。

2. 21~25 分为优秀；16~20 分为良好；11~15 分为合格；5~10 分为需提高；5 分以下为不合格。

3. 根据得分情况，制定出针对自身应变能力的提高计划，并写在下面。

_____

_____

_____

1.5.5　互联网能力

移动互联网在房地产营销中越来越重要，经纪人要尽快掌握和更新与工作有关的互联网知识和技能。在不久的将来，拥有高超互联网营销能力的人，将有可能成为房地产销售领域难以取代的专家。

那么，房地产营销和管理人员需要具备哪些互联网能力呢？

1. 搜索引擎优化

搜索引擎优化（SEO）是指利用搜索引擎的规则，提高公司网站在有关搜索引擎内的自然排名的技术。这一技术是网络营销知识的重要组成部分，经纪人了解了相关基础知识，可以更好地进行产品的网络推广。这些知识包括外部和内部优化方法、搜索引擎算法和排名依据等。

2. 社交网络营销技术

社交网络能够为房地产销售提供重要的平台。在购买之前，越来越多的潜在客户经常会通过微信、QQ去获得相关资讯和寻求帮助。掌握社交网络营销技术，有可能为你带来意想不到的销售效果。社交网络营销技术具体包括社交媒体推广策略、与社交网络媒体合作、通过社交网络引流、社交网络的群体营销等。

3. 内容营销

互联网内容营销除了用文案去吸引客户外，还包括信息图表、视频等内容的制作、剪辑与传播。经纪人起码应该熟悉内容的吸引要素和传播方法，具体包括如何制作用于营销的内容、结合SEO进行内容优化、内容分发和推广渠道的选择等。

4. 网页技术

门店经纪人不需要学习编程，也不必精通网页制作的步骤，但他们应该熟悉基本的网页开发技术，以此来了解营销工作中哪些是网页能够实现的，哪些是网页技术可以轻易做到的，哪些是需要花费大量的时间和精力的。

为此，房地产经纪人应了解有关网页技术的基本信息，懂得如何使用流行的博客、微博、微信系统等，以了解怎样与具体负责技术的人员进行沟通。

总之，在互联网发展的新时期，传统的销售模式已经无法完全满足现代人的需求。经纪人应该对营销模式进行改革和创新，同时强化互联网营销意识与能力，不断学习，才能跟上社会变化的步伐。

小节作业

思考并回答下列问题。

1.请列举你曾使用过的互联网营销工具。

_____

_____

_____

2.你是否关注过互联网营销课程？打算通过哪些渠道来学习？

_____

_____

_____

1.6 房地产经纪人能力的"左右手"

在我们的管理系统中，经纪人应具备一些核心关键能力，这些能力将极好地帮助经纪人完成销售和管理任务。为了方便记忆和理解，我们将这些能力归纳为"左手"能力（如图1.6-1所示）与"右手"能力（如图1.6-2所示）。

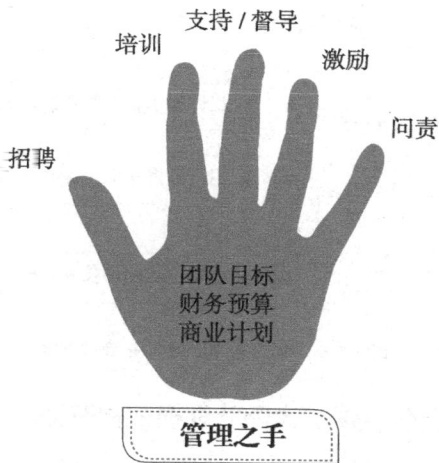

图 1.6-1　销售管理的"左手"

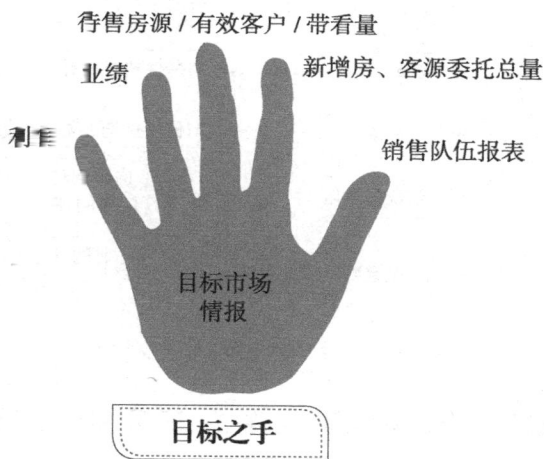

图 1.6-2　销售管理的"右手"

1.6.1　销售管理的"左手"

销售管理的"左手"指的是技术和能力，包括以下几个方面。

1. 手掌：团队目标、财务预算、商业计划

成功的销售经理最重要的技能之一就是制订优秀的商业计划。该计划包括图 1.6-3 所示的内容。

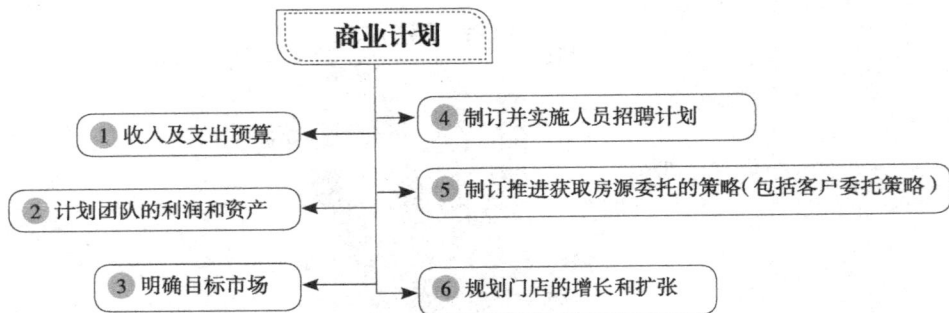

图1.6-3 优秀的商业计划包含的内容

2. 拇指：持续招聘以便扩大团队规模或提升团队能力

具体方法如图1.6-4所示。

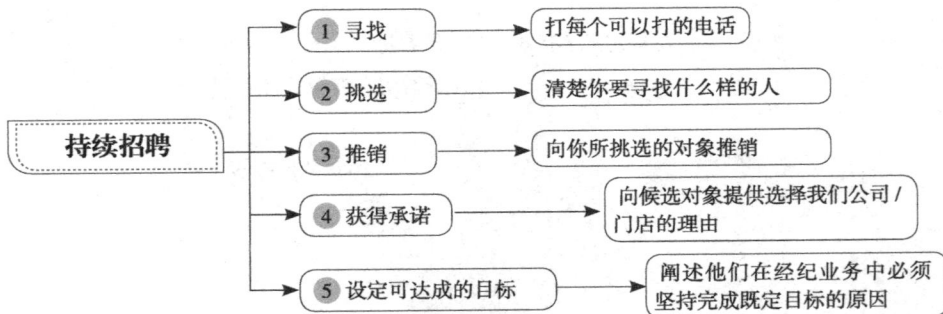

图1.6-4 持续招聘以提升能力的方法

3. 食指：通过培训提高经纪人的能力，确保经纪人了解如何工作

这是一项培训职能，如何通过培训提升经纪人的能力呢？主要集中在以下两个方面。

①通过以下工作获取房源委托。

- 洞察目标房源的价值。

- 获得房源委托的工作流程。

- 提高获取房源委托的技巧。

- 提供获得房源委托的协助。
- 提供获得房源委托的工具。

②通过以下工作与买主销售，促成交易。

- 锁定买主。
- 对其购买意向与资格进行预先评估。
- 在委托协议上寻到客户的签字。
- 成功磋商价格
- 向买主提供服务选项。

4. 中指：对经纪人进行督导和支持

具体方法如图1.6-5所示。

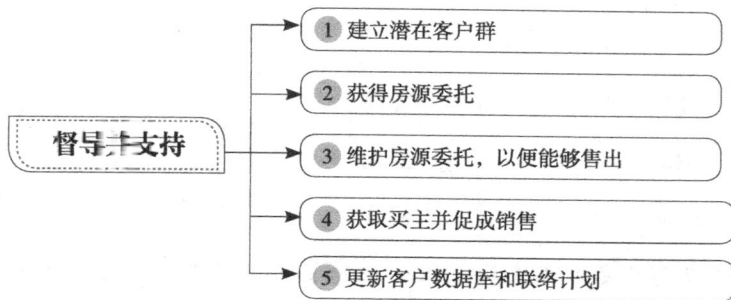

图 1.6-5　如何督导并支持经纪人

5. 无名指：激励，即确保"愿意去做"

例如准备于召开业务会议，此项管理技巧可帮助那些具备销售技巧并想取得成功的经纪人。具体方法如图1.6-6所示。

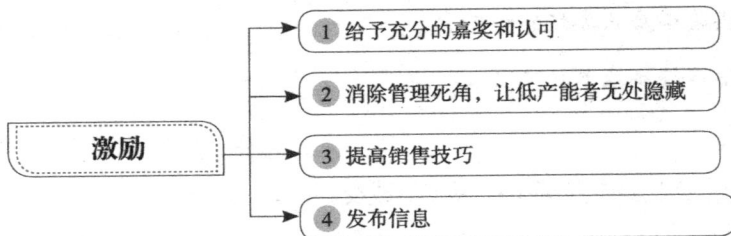

图 1.6-6　确保经纪人"愿意去做"的方法

6. 小指：问责

例如，要求明确目标并持续使用再聘用（Rehiring）方法。

问责程序从签订期望书开始，也包括 90 天表现评估报告，贯穿于经纪人今后的工作中。

小节作业

思考并回答下列问题。

1. 上述功能中你认为自身哪项做得最好？目前你对哪项内容给予的重视最少？

____ 目标设定　　　　____ 督导

____ 招聘　　　　　　____ 激励

____ 培训　　　　　　____ 问责

2. 还有哪些是本书未提及但会对销售队伍产量有一定影响的关键因素？

_____

_____

_____

1.6.2 销售管理的"右手"

销售管理的"右手"主要集中在报表等层面，如表 1.6-1 所示。

表 1.6-1 销售管理的"右手"

报表（Chart Book） （回应"左手"）	管理洞察
1. 拇指：销售队伍报表（人员状况）	招聘的成功
2. 食指：新增房源（包括新增客户）委托量	培训
3. 中指：a. 待售房源总量 b. 有效客户总量 c. 带看等量化指标	督导
4. 无名指：业绩	激励
5. 小指：利润（S&P）	问责
6. 手掌：目标市场情报	商业计划

这些日报表就像财务账本中的分账目一样，公司提供的月度管理报表（MMR）就像每月与银行对账单一样，两者是一致的。日报表应每天审视，月报表应每月审视。

你的所有业务全部掌握在你"手"中。快速准确地将数据（目标之手）和行动（管理之手）融合到一起，可以确保成功地制定获胜战略。

第 **2** 章

招聘管理：利润取决于招聘活动的效率

2.1 房地产门店为什么要持续招聘

招聘是一家高产量、高利润房地产门店的活力源泉。销售管理者的首要挑战就是通过增加人员来扩大门店业务。

只有持续招聘，不断引进高质量的人才，优胜劣汰，才能提升团队的业务能力，获得高额利润。

2.1.1 持续招聘才能带来高额利润

房地产门店经理要想让利润增长，必须始终面对市场的挑战。为此，持续招聘将成为其前进道路上的重要动力。

持续招聘犹如一把钥匙，能够打开"宝库"的大门。一家门店能否获得高额利润，很大程度上取决于其持续招聘的效果。

在房地产门店经营中不乏以下这样的情形。

管理人员曾经是相当优秀而勤劳的经纪人，当他们着手经营管理一家门店时，却依然只是忙于销售业务。这样，整个门店的业绩就压在了经理身上。他越是将工作重心倾向于自身业务，就越是容易忽视招聘工作。最终，经理个人的努力终究无法带来门店的高额利润。

与此相反，如果房地产门店拥有一批高效率的经纪人，经理个人的工作重心就能转移到管理方面，对整体业务有促进作用。

持续招聘的另一层意义在于：通过持续的行动，使招聘系统化。

组织行为学理论告诉我们，组织中随机的行动模式只能带来随机的结果。

这意味着门店即使有一两名能力出众的经纪人，也只能依靠他们带来偶尔的高利润。而持续不断的招聘、培训及配套管理，最终会将招聘系统化、团队系统化、行为模式化，让高利润保持下去。

最后，持续招聘的原因还来自房地产门店的高利润原理：门店拥有可销售的房源委托数量，由门店销售队伍的规模以及他们获取房源委托的能力决定（同样适用于客户委托）。

这条原理的内涵包括以下几个方面。

1. 数量并非衡量门店规模的唯一标准

门店的规模应由市场需求、门店发展、业务能力等多方面因素综合决定。因此，员工队伍并非越大越好，而是应追求质量。只有通过不断招聘，对门店经纪人进行淘汰、培养和选拔，才能确保门店获取房源和客户委托的能力始终强大。

2. 招聘活动应具备前瞻性

招聘活动既受门店所处市场的现有规模影响，也受其未来规模及所需人才数量的影响。因此，招聘活动不是为了解决一时的问题，而是由门店基于长期发展的需要，通过自主学习和执行明确的任务来推动的。

如果门店随意停止招聘，一段时间后，当需求伴随市场扩大而增加时，人才储备不足的问题就会突显，成为门店利润增长的瓶颈。因此，招聘活动必须具备前瞻性。

3. 招聘活动决定利润和份额

值得注意的是，招聘活动的效率直接决定房地产门店所获得的利润、占据的市场份额。换言之，只有当招聘成为管理工作的中心时，门店才能通过不断提高经纪人的基数与素质来获得更多的客户、实现更多的签单。

招聘活动与利润的具体关系，如图2.1-1所示。

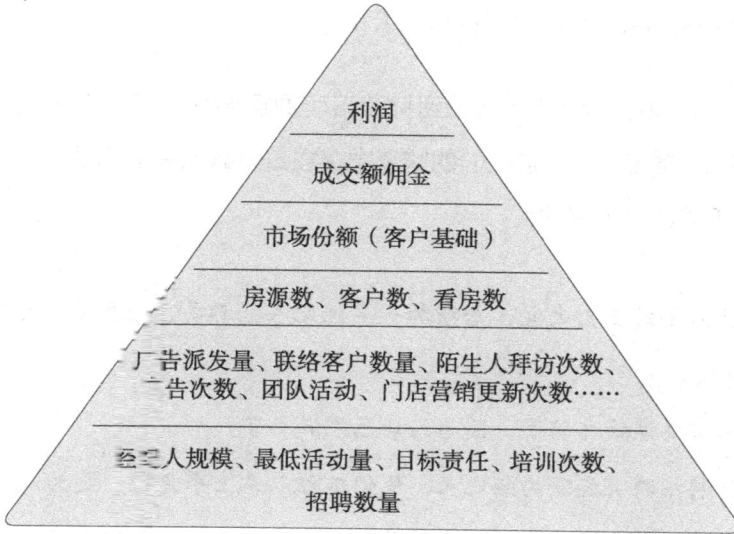

图 2.1-1　招聘活动与利润的具体关系

小节作业

思考并回答下列问题。

1. 回顾你去年的招聘情况，计算出今年有多少业务成绩是那时加入的员工所贡献的。

_____

_____

_____

2. 你的门店多久招聘一次？如何制订招聘计划？

_____

_____

_____

2.1.2 阻碍招聘的 5 种态度和想法

虽然许多门店经理都能认识到持续招聘的重要性，但大多数人并没有马上开始执行。究其原因，是他们的脑海中存在着阻碍招聘的想法。

你是否存在以下想法？

- 招聘需要的支出太大，每增加一名经纪人，都要占用更多的办公空间或办公室等资源。
- 我不需继续招聘了，因为门店已经满员了。
- 我只想招聘有经验的经纪人，他们工作起来上手更快，更为成熟。
- 我工作所在区域内找不到能够胜任门店业务的优秀经纪人。
- 我不断招聘新人，他们却不断失败。所以，还是保持现状为好。

上述任何一种想法，都可能导致招聘工作受到阻碍。经理内心对这些想法的认同，会或多或少地表现为对招聘工作的轻视，这会影响门店的利润增长与份额扩张。

因此，门店经理要坚决消除上述 5 种想法的负面影响，切实转变招聘态度。

招聘来的新人虽然会消耗更多的资源，但与他们未来可能创造的业绩相比，这些成本完全值得付出。同时，"二八"定律的基本原理也告诉我们，人力资源市场上永远不可能有大量成熟优秀的经纪人，绝大多数高效的房地产经纪人都是从新人不断成长起来的，如果门店不愿意招募新人进行培养，也就无法建立持续扩大的人才队伍。

2.1.3 房地产门店的满员综合征

让我们来看一下另一种常见的造成低效率的态度。

"在门店已经满员的情况下为什么还要继续招聘？"

"门店情况已经很好了，为什么还要继续招聘？"

门店即使在"满员"的情况下仍需继续招聘，是因为以下原因。

①需要招聘并培训更多的人员以便找到业绩最佳的人选，因为这些已经开始准备拿资质的人员在3年后大概是以下的情况。

- 50%的人获得了资质。
- 25%的人开始从事经纪业务工作。
- 10%的人仅在本行业中做兼职工作。
- 10%的人在本行业中只在某个阶段做全职工作。
- 仅有5%的人在进入不动产行业3年之后仍然继续工作着。

②另一个需要持续不断招聘新人的理由存在于以下这个被普遍接受的说法中：3年之后行业中大部分从业人员将是那些今天还没有从业资格的人员。

③销售队伍中的大部分人员可能会逐渐离岗，原因有以下几个方面。

- 感受不好或更好。
- 孩子或配偶生病。
- 晋升或转岗。

④经理需要不断更新现有工作人员，寻找那些比现有人员更胜任当前工作或能够更好地支持现有人员的新人。

⑤经理要对建立有前途的经纪人进行审查，从而发现那些可以在本行业中取得成功的人才。

⑥招聘工作可以被视为水管工的工作。许多门店就像堵塞了的排水管，

销售队伍被限制住了手脚。新经纪人的到来可以给这个堵塞了的排水管带来强大的压力使之通畅，并且能给原有的人员带来新的动力。

⑦经理对公司的买主和卖主以及最优秀的经纪人负有两项责任，如下所示。

• 在没有找到最好的买主时，我们能够为卖主做的最大努力是什么？

_____

• 我们为门店的环境、氛围做哪些事，才能帮助我们最好的经纪人？

_____

⑧有关持续招聘需要考虑的其他问题如下。

• 你知道有些销售经理的核心团队成员很意外地突然辞职了吗？
• 即使我们根本没有更新或增加现有工作人员的意愿，那么持续招聘是不是也是一种保险呢？

2.1.4　经纪人为什么会失败

在企业管理和运营中，暂时未成功并不意味着失败。然而，在房地产销售领域，没有成交结果就意味着经纪人的失败。

员工销售的失败大致分为直接失败和长期失败两种。直接失败导致某一两个客户未能签单，而长期失败会带来业绩下降的问题，使经纪人感受到挫败、灰心、沮丧，最终选择离开。

经纪人遭遇失败的原因主要有以下几种。

1. 没有充足的动力

无论门店有怎样的管理模式，所有动力最终都来自经纪人自身。作为领导，经理或许有着对成功的积极向往，但却没有使这种热情影响到每个经纪人的工作态度，更没有让整个团队去追求统一的目标。结果，经纪人很容易因为短暂的挫折而失去信心。

2. 对于房地产销售或成为一名房地产经纪人持有负面态度

在求职过程中，几乎每个人都会表达对未来销售岗位的热情。然而，如果在入职后经理和团队不能持续帮助经纪人端正态度，经纪人很容易对房地产销售工作抱有负面看法，其原因包括以下几项。

①在社会上，少数房地产经纪人的公共形象不佳。

②新加入团队的员工会将社会中的上述错误印象带入门店，从而影响自己和他人对销售工作的看法。

此外，遭遇客户拒绝、害怕因失败而带来收入下降，也会引发经纪人主观上的退缩等情绪，这些都会让他们对工作失去希望。

3. 害怕失败

在某次专业调查中，不少房地产经纪人都表露出类似的态度，例如"我不在乎我是否能挣很多钱，只要能够学习知识就满足了"，或者"我并不是要从事一项挣钱的行业，我只是喜欢与人交往"。遗憾的是，越是这样说，越表明他们在为可预见的失败做心理准备。

4. 未能充分意识到高要求

销售工作的进入门槛较低，这在很大程度上导致许多人没有充分意识到该岗位的高要求，其中包括下列要求。

①必须了解并掌握大量的专业知识。

②必须持续进行客户开发。

③必须高效地管理和安排时间。

由于未能意识到这些要求，他们很难充分进行自我准备，因而难以实现长期成功的目标。

5. 缺乏足够的投入

由于就业形势紧张，不少人在加入房地产销售门店之后，缺乏足够的投入。其具体表现如下。

①只是"试试水"，看看自己是否会真的喜欢房地产销售行业。

②想看看需要付出多大努力才能成功。

6. 员工不知所措

很多员工从一开始就缺乏具体的自我成长计划，包括缺乏充分的培训、详细的工作计划、必要的督导以及足够的支持等。这些都会导致他们不知所措，并选择退出。

在以上导致失败的原因中，绝大多数都是员工个人的原因。门店需要接受由此带来的高淘汰率，并通过不断招聘新人进行储备。

2.2 如何享受持续招聘所带来的成果

持续招聘能够带来一系列成果，例如确保门店健康成长，也让大多数员工得到稳定成长。为此，门店经理要懂得享受持续招聘的成果。

2.2.1 持续招聘的四大价值

持续招聘的四大价值，如图 2.2-1 所示。

图 2.2-1 持续招聘的价值

1. 纠正以前的错误

任何门店的经营都不可能一帆风顺，由于之前的招聘或管理问题，门店的运营过程中必然存在着各种各样的错误。通过持续招聘，改善人员结构，更换工作方法，门店就能在"新鲜血液"的支持下不断改进。

2. 面对现实的挑战

市场竞争的挑战现实而残酷。如果门店没有足够的新人进入，当客户提出新要求抑或出现新的竞争方式时，门店就无法应对挑战。

3. 为将来构建合理的销售队伍结构

通过合理经营，门店的规模会不断扩大，业务量会迅速增加，由此对销售队伍产生了压力和要求。通过不断招聘，销售队伍的结构才能变得完善起来，随时迎接新的挑战。

4. 增强经纪人的活力

鲶鱼效应是指在一个固定的工作团队中定期增加新的竞争者，以便让原有的工作人员不断保持工作活力。根据这一原理，门店原有的销售团队即使有良好的业绩，也应通过引入新人、末位淘汰来保持"新陈代谢"，不断增强活力。

2.2.2 持续招聘应有的四大理念

物质的收益离不开精神的激励。要想从招聘中得到收益，门店经理必须建立四大理念，并冬之传递给团队员工。

1. 房地产销售美妙且具有挑战性，是令人激动的职业

没有任何经纪人能够在不热爱工作的前提下取得持久的成功。无论是招聘者还是应聘者，都应发自内心地热爱房地产销售工作，并因此期待在这个行业中为他人创造价值、为自己谋职成功。

2. 企业提供了许多让大家成功的机会

如果门店经理都不相信这一点,那么应聘者也很难对企业产生信心。相反,当领导确信人才能在企业的平台上收获成功时,才会把对销售职业的期待感传递给下属。

3. 作为门店体系的一员,我们所能提供的机会比竞争对手的更多

当招聘者拥有这一理念时,他们会对自身所处的门店体系感到由衷的信任,并以此为动力,不断总结可以提供给应聘者的机会。这样,他们才会在招聘、培训以及日后的管理过程中源源不断地向下属输送资源。同样,应聘者只有一开始就坚定这一信念,他们才会从新人开始就主动发现这些资源,并将之最大限度地利用。

2.2.3 如何认识和使用招聘矩阵

招聘矩阵是房产销售团队领导在招聘新人时最常用的工具,其内容如图2.2-2 所示。

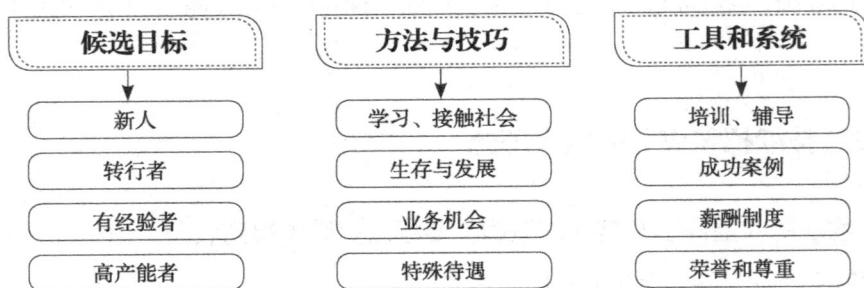

图 2.2-2 招聘矩阵

招聘矩阵能够帮助门店经理发现和弄清以下三大问题。

• 谁是招聘的候选目标? 他们有何特点?

• 用哪些方法能够吸引到人才?

• 有什么样的工具或系统能留住人才?

通过对矩阵的解读和应用，可以明确以下招聘过程的重要参考因素。

1. 候选目标

在招聘开始之前，门店经理可以将候选目标分为新人、转行者、有经验者和成熟的高产能者，结合门店的人力资源管理成本、发展态势与竞争水平，确定将要引入的员工类型比例。不对此加以明确，就很难从最终结果上控制招聘对象。

2. 方法与技巧

对该部分矩阵与有效解读，可以帮助招聘者确定分别以何种职业追求去吸引不同的招聘对象。

面向新人时，招聘者应强调学习和接触社会的机会。房地产销售行业有着广泛的营销对象，其覆盖了整个社会中最具消费活力的客户群体，同时这也是接触社会并了解一个城市地域经济、文化的最佳渠道。通过房地产销售的工作，类似于大学毕业生这样的新人可以在最短的时间内明确自己未来的职业走向，并在工作过程中获得更多接触社会、建立社交关系、积累资源的机会。

相对于职场新人，转行者从事过其他工作，有一定的社会关系和从业经历，对地域经济、社会发展、行业背景有或深或浅的认识。面对这样的招聘对象，就应着重强调生存与发展的主题。招聘者可以从了解其转行动机和对新职业的规划着手，深入浅出地告知房地产销售工作将如何解决其生存与发展的个人问题，以此吸引他们加盟。

有经验者和高产能者无疑是招聘工作中所面向的关键少数人。一方面，这样的人选在招聘对象中占比较少；另一方面，他们的加盟意味着门店能跳过部分培训内容，节省时间和经济成本，直接收获潜在客户群体，还能分享其已有的工作经验。有鉴于此，在吸引他们时，招聘者的方法与技巧应集中在提供业务机会和特殊待遇上，以此凸显他们的价值。

3. 工具和系统

由于职场新人大都缺乏相应的职业经验，更不了解房地产销售市场，经理在门店招聘过程中应提醒他们注意即将获得的培训与辅导机会。这样，他们就能看到未来成长的希望。

转行者亟需获得成功的信心。因此，在招聘中，经理需要向他们展示既往的成功案例，用事实激励他们，鼓励他们在新岗位上努力奋斗。

面向有经验者和高产能者所使用的招聘工具与系统，应尽可能倾向于薪酬制度、荣誉和尊重。这是因为有经验者追求的不只是生存与发展，更希望看到个人收益的提升，而高产能者则在此基础上更进一步，寻求实现个人价值。

小节作业

思考并回答下列问题。

1.我采用的招聘方法能够使我接触到本领域所有获得从业资格的人选吗？

_____

_____

_____

2.有什么方法可以帮助我发现那些虽然优秀，但并未想过从事房地产经纪行业的人员？

_____

_____

_____

2.3　如何进行持续招聘及保障招聘成功

偶尔一次的招聘成功，并不意味着持续招聘必然会获得良好的效果。建立强大的保障体系，以科学的流程对招聘行为进行规范，企业才能由此得到充沛的人力资源。

2.3.1　持续招聘的6个关键点

要想进行持续招聘并取得成功，领导需要把握6个关键点，确保流程围绕其合理展开，如图2.3-1所示。

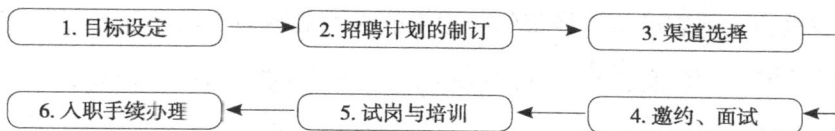

图2.3-1　持续招聘的6个关键点

1. 目标设定

目标设定决定了招聘多少人员、何种人员。通过目标设定，确保招聘结果能符合实际需求。

2. 招聘计划的制订

招聘计划中包括采用何种方式招聘、招聘时间的长短、具体负责人员等。拥有良好的招聘计划，招聘才能成功。

3. 渠道选择

渠道选择即选择在何种平台上进行招聘。由于渠道的多元化，领导必须谨慎对比与选择，千保证渠道能与方式相得益彰。

4. 邀约、面试

这是招聘过程的主体环节。领导通过这一步骤完成对员工的甄选，并最终确定合格的对象。

5. 试岗与培训

这是对新员工的试用，也为对方提供了熟悉环境、了解工作的机会。新人通过了这一环节，才能正式进入门店。

6. 入职手续办理

这是招聘的结束环节。通过该关键点完成新人加盟的手续，以便开展工作。

2.3.2 如何设置招聘目标

招聘目标的设置包含两层内容：人员数量和人员对象。

1. 人员数量

数量上，门店经理应将每位经纪人的人均业绩与公司计划的利润、市场份额联系起来，即通过计划目标与预测人均业绩倒推出经纪人的数量。

其公式如下。

利润 = 收入 − 支出；所需经纪人数量 = 收入 ÷ 人均产能（业绩）

市场份额 = 成交量 ÷ 目标市场交易量；所需经纪人数量 = 成交量 ÷ 人均产能（单数）

值得关注的是，在市场份额基础上确定的招聘目标数字，通常会比基于利润确定的招聘目标数字更大。经理要针对这一差异，对两个数字进行比较和挑选，从而决定最终的招聘数字。

2. 人员对象

在确定招聘人员对象之前，先根据企业对门店员工的要求，从以下 6 个维度为理想的入职者"画像"。

（1）道德品质

招聘对象应具备优良的道德品质。其中，管理者应侧重于考察他们是否认同公司的价值观，是否懂得尊重自己、客户和同事。

（2）自我控制力

了解招聘对象能否在新的岗位上积极执行任务，是否有解决问题和完成任务的强大自我控制力。

（3）服务意识

招聘对象应该有与其工作经历、教育背景相匹配的服务意识，能够正确理解销售行业的工作内容与性质。

（4）精力和热情

通过对投入精力和热情多少的考察，判断何种表现的招聘对象能够更快适应门店的工作环境和内容。

（5）团队意识

管理者应要求应聘者围绕团队意识进行自我剖析和展示，借此了解他们对团队工作的适应能力。

（6）形象

以销售行业所需具备的个人形象来对应聘者进行选择，如衣着服饰、言谈举止等。

小节作业

1. 假设你即将开展门店招聘，通过完成表 2.3-1 来确定招聘目标。

表 2.3-1　招聘目标设定表

依据预期的利润设定招聘目标	金额（元）	备注
1. 你当前保持公司运营每月支出费用是多少		
2. 你觉得每月应提取多少金额作为防范未来市场萧条的储备金		
3. 根据你的商业投资，你希望公司每月利润达到多少		
4. 每月总预算（第1项＋第2项＋第3项）		
5. 一次房地产销售或委托给公司带来的平均佣金		
6. 满足预算目标每月需达到的销售量（第4项÷第5项）		
7. 每人平均每月销售量（成交数÷经纪人数量）		

2. 基于预期市场份额设定招聘目标，如表 2.3-2 所示。

表 2.3-2　基于预期市场份额设定招聘目标

1. 今年在你的主打市场预期的交易量是多少	
2. 你期望市场份额增加多少	
3. 需要满足市场份额的方面有哪些	
4. 需要满足市场份额目标的经纪人数量	

2.3.3　招聘有经验还是没经验的经纪人

确定招聘目标过程的最大问题集中在经验维度的选择上。是招聘有经验的人，还是招聘那些没有经验的人，这是一个重要的问题。

在回答这一问题之前，你应该记住这样的原则：招聘你想要的，而不是你所见到的。

遵循这样的原则，意味着你必须在人力资源市场上先发制人，根据门店经营需要确定：究竟是招聘新手，还是招聘有丰富经验的人。否则，你很可能在接踵而至的应聘者面前失去重心，无从挑选。

此外，你应该明确经验多少的差异所导致的人员素质和表现不同，如表2.3-3所示。

表 2.3-3　经验多少的差异所导致的人员素质和表现不同

经验度	优势	劣势
丰富（有丰富工作经验者）	懂得如何开展业务 带来大量资源 更理解房地产行业 增强团队稳定性 有行业影响力 需要领导付出的管理成本较少 能帮助招聘其他经纪人	可能带来一些坏习惯 要求更高的佣金分成 需要花费较长时间招聘他们，门店可能不得不向他们"购买"资源和经验 现有的其他员工可能会妒忌他们 不停与其他公司做比较 可能"出工不出力"
缺少（新手）	没有"包袱" 大多没有不良习惯 更听从指挥 容易招聘	需要投入大量的时间进行管理和培训 收到回报前要付出很多成本 督导其执行相对麻烦 很容易受到负面因素影响

可见，新手和有丰富工作经验者并没有绝对的优劣之分，招聘者要根据实际情况确定新手和有丰富工作经验者在招聘计划中的比例。

2.3.4　持续招聘的几大渠道及注意事项

为了尽可能地扩大寻找人才的范围，门店经理要准确选择招聘渠道，并注意其合理搭配与正确运用。

通常情况下，可以利用的招聘渠道包括广告、店面、人才市场、学校、内部推荐以及其他方式，这些渠道有各自的特点和优劣势，如表 2.3-4 所示。

表 2.3-4　不同渠道招聘的优劣

渠道	优势	劣势
广告	覆盖面积更大、传播速度更快	需要投入一定的宣传经费，会占用较多成本开支
店面、人才市场	更为精准	虽然成本较低，但时间会较久
学校招聘方式	速度更快、花费时间更短	很难招聘到有充足工作经验的人员
内部推荐方式	能更为直接地找到有丰富工作经验的人员	容易破坏团队内的稳定性

无论选择何种渠道，都应注意将具体方式和实际情况结合起来，其中包括以下两大要点。

1. 与具体方式的结合

即使采用同一种招聘渠道，也可以运用不同的方式，分别同招聘对象初次沟通和长期联系。具体联系方式包括邮件、短信、电话、微信、职业说明会以及其他形式等。其中，邮件、短信、电话、微信适合于和招聘对象进行单独沟通，而职业说明会则适合于集体沟通。职业说明会效率高、收获快，可用于多种招聘渠道。

以 21 世纪不动产公司的企业招聘为例，职业说明会流程通常由图 2.3-2 所示的关键点构成。

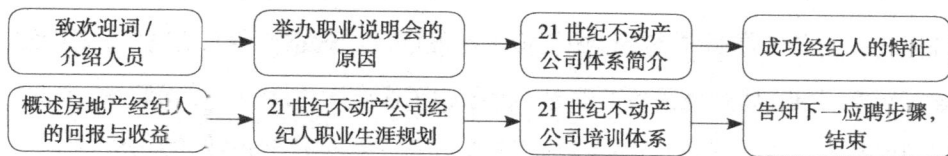

图 2.3-2　21 世纪不动产公司的企业招聘职业说明会流程

一般而言，职业说明会同校园招聘、门店招聘渠道结合效果最好。地点应选择在会议室或培训室，时间控制在 60~90 分钟。除邀请企业相关负责人介绍外，还可以邀请几名发言人，展示其自身加入企业后的实际变化，引发应聘者共鸣，使应聘者对职位产生兴趣。

当然，在这样的职业说明会上，不需要回答应聘者太多的详细问题，只要明确告知下一应聘环节的时间和地点，为应聘者留下必要的"悬念"。

2. 一致性和持续性

任何招聘渠道的建设都需要花费足够的时间和经济成本。为此，企业必须重视招聘渠道运用过程中的一致性与持续性，不能在某个渠道上马虎。

小节作业

思考并回答下列关于招聘渠道、工具和方案的问题。

1. 是否引人入胜、有吸引力？

2. 是否能讲述品牌的成功故事？

3. 是否可以充分反映企业的良好方面？

4. 是否在形式上做到新颖而有吸引力？在内容上是否展示了企业积极进取的一面？

5. 是否清楚地表现出企业的"与众不同"？

2.3.5 如何以做销售的态度做招聘

对于房地产销售企业而言，一切工作都是围绕着销售成功这个终极目标进行的，招聘工作同样需要以做销售的态度进行。这意味着在招聘中，门店领导应转换思维，将企业品牌、理念、形象和工作职责"推销"给求职者。同时，招聘也并非只在正式场合进行，应同销售一样，抓住任何可能的机会。

为了将销售态度运用到招聘中，领导尤其应注意以下几种招聘工具的使用。

1. 招聘广告

同销售广告一样，招聘广告必须要持续、定时投放，才能保证效果。招聘广告的内容无须太多，而是要抓住重点，推动求职者对工作岗位和内容产生兴趣。

下面为优秀的广告案例。

从房地产销售开始实现财务自由

你想实现财务自由吗？从房地产销售开始，请关注招聘公众号 ×××

只要你有充分的执行力、积极的工作热情，我们将为你提供更多的财富希望

和大企业共同追梦

某大型房地产中介企业的门店登陆本地！

现诚聘 100 名有志于从事销售事业的合格人才，男女不限，大学毕业生优先

联系方式：×××××××

2. 应对咨询

销售广告的投放能够引来不少咨询者。有的人是真诚地希望获得工作，也有的人只是想要了解一下企业。但无论对方出于何种目的，招聘者都要一视同仁，像介绍产品那样介绍职位。

此外，你不应该通过电话或微信去介绍工作内容，正如房地产经纪人不会通过这些工具去介绍房源一样。招聘管理者根本不需要亲自回复这些电话或微信，可以让助手担任话务员的角色，或者在微信内设置自动回复，与咨询者进行初步沟通。当咨询者积累到一定数目时，再通知他们召开职业说明会的时间、地点。

这样做的好处是避免了将大量时间浪费在重复的职业说明上，在表达了欢迎了解的意愿之后，也让咨询者有时间进一步考虑。

下面是某房地产中介微信公众号的自动回复。

感谢您的关注和留言。您的支持对我们来说非常重要！

我们欢迎有识之士了解房地产经纪人的职位。您可以留下您的姓名和电话号码，我们的招聘经理将很快与您联系。

3. 求职者调查

在销售产品时，许多门店都会制作并发放表格，并邀请意向客户进行填写。同样，在招聘的正式环节开始之前，也可以通过登记求职者调查表来获得其背景资料和想法。

下面是求职者档案登记表的范例。

候选人信息档案

姓名

住址

电话号码

现有工作

工作职位

是否有销售经验

在本市居住年限

想要从事房地产销售的理由

4. 职业说明会

职业说明会与产品发布会类似，但也有差异。招聘者应清楚职业说明会的目的在于向应聘者展示工作前景，使其对职业发展产生探索的兴趣，但并不是真正的面试。因此，在职业说明会上需要讲解的是关于应聘工作岗位的基本内容，例如准备的方式、面试的形式等。

招聘者可以为职业说明会设计主题，并用明确而简短的语句表达出来。下面是常见的职业说明会主题语。

如何成为房地产经纪人

房地产经纪人的一天

为何要选择房产销售行业

为何要选择我们公司

通过职业说明会，整个招聘团队与参会者之间形成了非常严肃的招聘对话，使其对即将到来的面试产生期待。

小节作业

思考并回答下列问题。

1. 尝试写一则招聘广告，并注明具体的发布渠道。

_____

_____

_____

2. 如果门店要召开一次职业说明会，请设计你的演讲内容（演讲时间控制在 5 分钟内）。

_____

_____

_____

2.4 如何进行资格审核及留住经纪人

招聘的成功源于整体计划的设计与执行，也离不开对其中每个细节的妥善处理。只有对资格审核等细节工作给予充分的重视与管理，才能吸引并留住优秀人才。

2.4.1 经纪人离职的 15 个理由

企业招聘引进的新员工是企业的重要资源。企业理应通过提供良好的成长环境、丰厚的回报空间、和谐的团队气氛来鼓励他们发挥出自身的价值。

然而，人们经常会发现这样的问题：那些业绩欠佳的经纪人会率先离开，而业绩不断上升的经纪人也可能由于种种原因，放弃与企业共同发展的机会。

经纪人为何很容易流失，其背后的理由何在？用马云的话来解释：员工离开的原因归根结底只有两点，钱没给到位或心受委屈了。

在房地产销售行业，经纪人流失最常见的理由如图 2.4-1 所示。

其中，与经济收入有关的原因包括：公司满足不了经纪人的期望、公司不能提供高质量的业务资源、公司缺少培训、经纪人希望销售公司（门店）营销范围以外的房产、因经理自己做单而与经纪人发生了业务冲突、经纪人接到竞争公司更具诱惑力的条件等。这些原因都直接或间接地导致了经纪人认为自己没有获得与能力或贡献相匹配的收入。

公司满足不了经纪人的期望	经纪人与管理者发生矛盾	公司缺少培训	得不到或只能得到非常少的援助	公司形象与经纪人形象不兼容
经纪人在公司中感觉不到成长	经理自己做单而与经纪人发生了业务冲突	公司不能提供高质量的业务资源	经纪人遭到不公平的待遇	负面的工作氛围
经纪人希望销售公司/门店营销范围以外的房产	经纪人接到竞争公司更具诱惑力的条件	经纪人不被认可或重视	存在不被经纪人接受的变化：经理、设施、公司环境等	其他

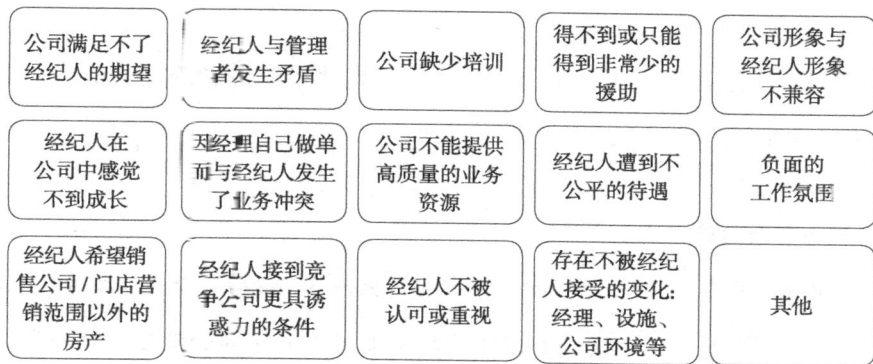

图 2.4-1　在房地产销售行业，经纪人流失的最常见的原因

与压力、情绪有关的原因同样会使员工感到委屈，并引发人员的流失。比如经纪人与管理者发生矛盾、公司形象与经纪人形象不兼容、经纪人在公司中感觉不到成长、经纪人遭到不公平的待遇、负面的工作氛围、经纪人不被认可或重视、存在不被经纪人接受的变化（经理、设施、公司环境）等。

当然，很少有仅出于上述某一个原因就决心离开的经纪人。通常情况下，他们都因为既感到委屈又感到经济收入不足而选择辞职。了解、研究这些原因，从员工的立场出发，提前沟通，防止他们由于主观认识错误而盲目辞职。同时，领导也应结合对自身工作的反省，积极避免由于管理问题而导致上述原因的产生并把不良影响扩大。

2.4.2　面试的流程及注意事项

面试是招聘工作的重要步骤。通过面试，公司和应聘者能够相互深入了解，寻找对彼此有利的合作可能。

面试的流程如图 2.4-2 所示。

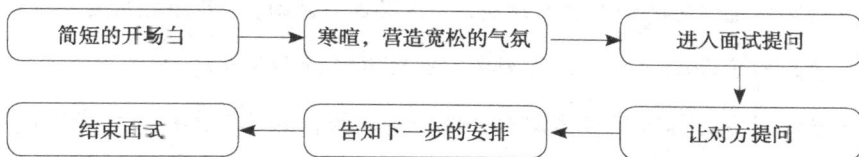

简短的开场白 → 寒暄，营造宽松的气氛 → 进入面试提问 → 让对方提问 → 告知下一步的安排 → 结束面试

图 2.4-2　面试的流程

1. 简短的开场白

简短、轻松而富有内涵的开场白能够迅速化解应聘者的紧张情绪，拉近双方的心理距离，为面试的成功做好铺垫。

例如下面的开场白。

"你好，我是×××企业的店长（招聘经理）。我们希望成为本市（本省）最大的房地产销售门店。为此，我们会提供高标准的培训和服务，打造专业的销售队伍。今天就是想同你讨论，怎样才能拥有专业的素质和技能。"

"你好，接下来的10分钟，我们可以谈谈你的学习经历、背景和经验。你也可以提出你感兴趣的问题。"

"你好，通过简历，我发现我们的工作同你以往所经历过的不同。我希望能了解你过去的工作业绩和经验。不用紧张，这对你以后加入我们有所帮助。"

在开场白结束之后，要给应聘者表示同意的时间，等对方表示"好的，没问题"之后，再进行面试。

2. 寒暄：营造宽松的气氛

在过程中也应注意适当寒暄，保证气氛轻松愉快。这样的气氛能够让应聘者敞开心扉，也能让你有机会看到最真实的应聘者。

营造良好气氛的环境，主要方式有以下几点。

• 由你对自己和企业做简短介绍，让应聘者感受到自己是在同你分享成功经验和有用信息。

• 简单描述你对新加入者的期望，但不用过于详细，让对方觉得自己有机会。

• 告知对方面试时间，如有必要，也可以进行调整或延长。

• 告诉对方，你可能在面试中会做一些记录，以此避免给应聘者造成不必要的压力。

3. 进入面试提问

为了让提问更为有效，招聘者需要事先制定一份合理的提问清单。在面试时，将罗列在纸上的问题逐一提出，并进行适当记录。

在制订面试问题清单时，你应该注意以下几点原则。

（1）不使用封闭式问题

封闭式问题是只能用"是"或"不是"回答的问题，与对话相比，这种问题没有太多的调查作用。

例如，你想要了解应聘者是否喜欢和别人打交道，不要直接问"你喜欢你周围的人吗"等这样的问题，因为这样的提问只能换来简单甚至草率的答案。你可以让应聘者阐述自己是怎样与别人打交道的，例如在一起工作、娱乐或参加公益活动等，通过这些具体解释去考证应聘者是否真正擅长社交。

（2）使用开放式问题

招聘者可以在面试中设置更多开放式问题。开放式问题不仅可以帮招聘者主动了解应聘者，还可以让应聘者在回答问题的过程中有效思考并了解工作职责。在应聘者回答的过程中，招聘者要认真聆听，并注意其回答过程中的种种表现，例如热情、诚实、重视或是愤怒、反对等。

（3）少用假设性问题

假设性问题通常并不能提供有价值的参考信息。使用这类问题容易让应聘者去猜测招聘者想要得到的答案，并为此编造自己的背景和经历。因此应尽量使用符合实际情况的问题。

（4）多用具体性问题

多用具体性问题去考证应聘者是否具备应有的工作技能和态度。想要做到这一点，招聘者必须清楚需要何种特质的员工。为此，可以事先根据希望新员工具备的能力、素质制定问题清单，并在面试中确保应聘者真正懂得问题的意义。

4. 让对方提问

在提问环节结束后，招聘者可以宣布进入应聘者提问环节。在对方提问时，招聘者应适当记录对方关注的事项，以便在面试结束进行对比时发现不同应聘者之间的差异，并以此作为挑选人才的凭据。

围绕应聘者提出的问题，招聘者可以稍作解答；对自己无法确定答案的问题，则可以表示需进一步沟通了解。

5. 告知下一步的安排并结束面试

当双方提问结束后，招聘者可以宣布休息 5 分钟，这样可以初步确定对方是否有能在本企业工作的特质。根据答案的不同（是、否、需要进一步确认）来告知应聘者下一步的具体安排，包括是否会有第二轮面试、何时发放 Offer 等。无论结果如何，都要感谢应聘者的信任和支持，在和谐宽松的氛围中结束面试。

小节作业

思考并完成下列习题。

1. 准备几段不同风格的面试开场白。

_____

_____

_____

2. 你的门店即将对刚毕业的职场新人进行面试，每人 15 分钟左右，请设计面试流程的时间和内容安排。

_____

_____

_____

2.4.3　面试时应该准备的问题清单

房地产经纪人的工作特点，需要他们具备专业的技能和素质。在面试提问时，应该将之作为重点内容，通过应聘者的回答，了解他们是否具备相应的能力。

成功的经纪人无一例外都有着积极的工作态度，面试提问的另一个重要内容，就是去了解应聘者的性格特征是否能有效转化为积极的工作态度。

针对上述两项要求，可以开发出大量问题。下面是实际的问题清单。

通过"你做过哪些好人好事？参加过哪些公益活动？""你还应聘了哪些公司和职位？描述最近你最忙的一天，当时你是如何安排所有活动的？""在过去的工作中你是如何弥补自己知识和技能方面不足的？""你的休闲时间是如何度过的？有什么爱好？"等问题，能够探究出应聘者的技能结构特点。

通过"对我们公司你了解多少？""你为什么选择这份职业？""你最不喜欢过去所在企业的哪些方面？""你以往工作中最大的障碍是什么，你是怎样面对的？""当你觉得自己的工作非常完美，而你的经理却要求你做一些额外工作时，你将如何处理？""你喜欢结交怎样的朋友？"等问题，可以了解应聘者的性格特征，进而预判其工作态度。

当然，在设计问题时，并不一定总是要将以上两方面的作用加以区分。招聘者可以通过设计综合性问题，同时了解和分析应聘者的技能和态度。

小节作业

请填写下面的表格，如表2.4-1所示。

描述作为成功的房地产经纪人需要具备的技能，将其一一列在表格的左边，在右边设计面试中判断应聘者是否具备该技能的问题。

表 2.4-1　成功的房地产经纪人所需要具备的技能

技能	验证技能的问题

2.4.4　持续招聘中如何介绍公司和门店

当面试进入尾声，招聘者对应聘者已经有了确定合格结论时，可以先介绍一下公司和门店的情况。

招聘者可以在这一环节介绍有关自己、公司系统和门店体系的优势。在介绍时，可以利用多种工具进行推广宣传，包括影像资料、用户化市场营销系统、用户化物业搜寻系统等。这些工具能清晰、形象、系统地展示重要的优势信息，给应聘者留下深刻印象。

在对公司和门店的介绍中，可以将以下内容作为重点。

1. 招聘者和管理的队伍

主要包括招聘者自己的工作背景、经历、职位、业绩、荣誉，以及所带领团队的人员结构、分工职责、业绩水平、客户特点等。

2. 销售队伍及支持人员

围绕销售队伍和支持人员，分别介绍不同岗位的工作性质、能力要求、压力特点、考核标准等。当然，由于时间限制，招聘者不可能分别详细介绍，可以针对应聘者的求职岗位进行重点介绍。

3. 市场成果

包括门店或企业目前覆盖的市场范围、地域特点、取得的集体荣誉、获得的客户赞许等。对这些内容的介绍，可以有效帮助面试者建立对门店或企业的信心。

4. 制度与远景

对应聘者关心的问题进行解答，告知其公司或门店的有关制度。还可以在此基础上分享公司的目标和远景，展现公司的专业化形象。

与此同时，你还可以介绍房地产销售的职业优势，包括能够认识更多朋友、了解房地产市场、提高个人财务收益、拥有长期投资机会等。这些能让应聘者更加渴望获得入职的机会。

此外，考虑到应聘者可能也参加了其他公司的面试，在这一环节中，招聘者应提供足够的书面与口头信息，以便于引导他们进行比较。

无论重点介绍哪一部分信息，招聘者都要花费应有的时间和精力，对信息内容进行挖掘整理，充分显示出职位优势，使应聘者能够看到企业的闪光点并产生入职憧憬。

2.4.5　持续招聘中的目标管理及团队管理

持续招聘要做好目标管理和团队管理，即由门店经理确保持续招聘中整个团队都在追求一致的目标：长期资产和利润的提升。

在持续招聘中，可以用表 2.4-2 进行目标与团队的管理。

表 2.4-2　持续招聘中的目标与团队管理

项目	细节内容	目标	备注
我 / 我的管理队伍			

续表

项目	细节内容	目标	备注
我的销售队伍			
我们的业绩追求			
保证团队成功的系统			

其中，管理队伍和销售队伍栏分别填写管理者和经纪人应具备的技能、态度。例如，经纪人应能够提供形象（外表与行为）、工作时间（小时数、服从调配）、努力（高产能）、技能（获取房源和销售）、工作目标（长期的、短期的）、积极心态（对上级、同事、企业）、学习能力等信息。

在招聘过程中应不断强调业绩追求（即团队目标），其重点包括：获取房源委托、促成销售、发掘买主、锁定买主、销售谈判、促成交易、掌握细节事项、维持良好关系等目标。

保证团队成功的系统主要体现在对公司或门店的介绍上，其主要资源包括目标和设备、企业标识、职业发展规划、工作指导、推荐能力、员工手册和表格、奖励等。

2.4.6 如何做好经纪人进阶评价

为了对经纪人队伍进行更好的管理与培训，门店必须做好员工评价工作。从招聘结束、新人进入团队之后，就应明确其能力水平和发展阶段，并告知其下一阶段的特征，鼓励他们及时踏上新的台阶。

经纪人进阶评价的核心在于按照员工的产能数量确定这些经纪人的级别，如 A 级、B 级、C 级和 D 级。随后依据数据范围为他们打分，如表 2.4-3 所示。

表 2.4-3　经纪人进阶评价

分级	分值	特点	打分	备注
A 级	1~4 分	A 级员工属于团队的新鲜血液，他们精力充沛，学习愿望强，渴望成功，同时又急于求成，害怕失败，易受挫，需要紧密督导。为此，他们渴望获得培训和指导，并希望得到清晰和明确的工作任务		
B 级	5~8 分	B 级员工是团队中有创造性的叛逆者，他们需要支持、认可和明确的职责。当他们业绩上升时，会表现得富有创造性和自信，但当其实际业绩与预期水平相比有差距时，易产生退缩心理，并被外界影响		
C 级	9~12 分	C 级员工是团队中的可靠者，他们需要团队的认可和上司的督促，有能力和意愿去成为 A 级、B 级和 D 级人员的榜样。此外，他们还能帮助管理层招聘到 B 级和 C 级人员。不过，这类员工有可能安于现状，害怕变革和创新，对突如其来的压力很可能有过激反应		
D 级	13~16 分	D 级员工是团队领导的主要盟友，他们需要集体的认可、自由的工作环境，这是因为他们有良好的工作习惯，懂得创新和改革的必要性。不过，他们对成功的渴望很强烈，一旦认为团队距离成功较远，就有可能退出		

对经纪人的评级，具体分为以下 3 个步骤。

1. 评价生产类别

根据以下问题来确定每个员工所获得的分值。

①在同一个市场范围内与其他经纪人相比，该人员在这一类别中的表现。

②他们过去一段时间的表现是否稳定。

③他们是否适应市场变化。

合计分数，再计算平均值。产能类别的平均值就是主观类别的分值界限，即打分的实际标准。

2. 主观打分

给主观类别打分，分值范围为"1~生产类别所确定的界限"。

3. 统计分数

将分数汇总，以便确认经纪人在发展中的相应位置。

第 **3** 章

培训管理：
最好的培训才能带来最好的团队

3.1 为什么要做房地产经纪人培训

培训是房地产经纪人成长道路中必不可少的经历，也是凝聚团队的重要方式。懂得有效管理培训，可以帮助经理人打造最好的团队。

3.1.1 培训不仅是福利，更是投资

培训并不只是给员工的成长福利，也是团队管理者为提升集体能力而付出的投资。可以说，培训质量的好坏关乎企业的兴衰。

然而，不少企业或门店的领导并没有意识到培训的重要性，甚至认为花时间培训下属，还不如自己做得快。这种情况导致门店经理常依靠个人或少数成熟员工去担任一线主力，大部分经纪人能力不够，从而使企业陷入了死循环。

不断招聘→发现新员工业绩不佳→新员工被解聘或辞职→再继续招聘

这样的死循环既浪费了大量成本，也严重消耗了团队士气。

团队领导的工作不是自己直接去完成销售任务，而是要通过管理员工来完成目标。团队的成功取决于全体成员的努力。因此，领导要最大限度地激发和调动员工的能力，帮助并指导他们成长，从中发现并提拔优秀下属，让他们走上管理岗位，这样，领导自己的晋升机会也就大大增加了。

招聘成熟人才不失为重要目标，但建立内部的人才培养和成长机制才是用人之道。如果能够形成内部的稳定供给渠道，团队不仅会拥有源源不断的人才供给，而且这样的人才对企业有感情和依赖，容易取得共识，运作效率会得到充分提高。

通过内部培训，经纪人的素质和能力会提高，他们的积极性、创造性和工作业绩也将相应提高，这会给企业带来效益与进步。毫无疑问，培训是一种投资，而且是房地产销售企业最有价值的投资。

3.1.2　培训决定企业发展速度

在优秀的人力资源无法充分从市场获取的前提下，如何才能让房地产销售企业获得更快的发展？答案是培训与激励。

培训的重要性主要体现在其对企业发展规模和团队工作效率的提升上。从这一角度来看，培训是企业内部的革命，即对原有人才能力结构与工作态度的变革。因此，培训的价值就是通过员工在市场中业绩的变化而展现的。无论哪种培训，只要能够真正在企业中准确全面开展，并经过市场检验，都能够让团队的整体工作能力得到有效提升。

企业发展过程中的风险表现在人力资源的管理情形中，例如团队竞争力相对下降、人员流失、目标感和执行力缺失等，人的因素能在很大程度上影响这些问题。通过培训产生的控制与管理力能有效引导人的因素发挥出正面能量，从而保障团队正常运行和循环运行。

总之，企业或门店必须积极关注员工培训，做好人才储备与教育工作，不断挖掘内部新人，通过培训及竞争机制让新人更快实现内部流动和提升，才能切实保证企业的发展。

3.1.3　最好的经理是最好的培训师

门店经理在下属的培训和发展方面起着至关重要的作用，因为他们比其他人更了解下属的长处和短处，更清楚下属的培训需求，也拥有更多帮助下属提升业绩和改变工作态度的技能。

经理在培训中所发挥的作用可以概括成以下 4 点。

1. 提高表达能力

在房地产销售行业，表达能力是经纪人的重要基础能力。相比新员工，经理拥有更丰富的工作经验，他们有责任在日常工作中通过亲身示范和重点关注，传授员工更多的表达技巧，帮助员工提高表达能力。

2. 获得学习动力

在员工参加培训前，经理应该和员工进行沟通，确认培训与其个人能力发展和工作业绩提高之间的联系，明确培训目的和目标，还可以让他们列出工作中的问题，在培训中寻找解决方案。这样，员工的学习动力就会大大增强。

3. 赢得成就感

通过扮演成功的培训师角色，经理自己也能从中获得成就感。这样的成就感来自目睹下属的不断成长进步，获得下属的感激和尊敬，以及看到团队业绩蒸蒸日上并从中获得实际收益等。同时，通过不断指导员工，也能让他们享受到同样的成就感。

4. 得到更多认可与资源

在经理的培训带动下，整个企业和门店的品牌号召力与影响力都将与日俱增。对外，能够得到更多客户的认可；对内，在企业（尤其是连锁企业）中也将获得更多资源支持与上级认可。这无疑是经理追求的重要职业目标。

小节作业

思考并回答下列问题。

1. 作为门店经理，你上一次对全体员工培训的时间、地点和内容分别是什么？起到了怎样的作用？存在哪些问题？

_____

_____

_____

2. 请完成表 3.1-1，构想你对员工的针对性培训重点。

表 3.1-1　员工针对性培训

员工姓名	培训重点

3.1.4　培训能推行公司的方针、制度

企业想要让所有员工的工作方向统一，单纯依靠奖金和提成刺激还不够，必须要以强有力的方针和制度来加以保障。在实际工作中，制定方针、制度并确保有力推行的方式，就是对员工的培训。事实证明，利用培训来宣扬企业价值观，经常会有超出想象的神奇效果。

从实践来看，企业培训应该通过培训项目的管理体现出其规范性与目的性。为此，需要用规范的培训项目传达企业方针与制度所构成的文化。其中，主要分为以下 3 个阶段。

1. 员工入职培训

员工入职培训主要包括企业制度培训、文化培训和员工职业化培训等。这一阶段的培训目的是让员工充分了解与认同公司的各项方针及其背后所包含的企业文化，从而明确制度约束下的自身工作职能。在此基础上，员工会主动思考培训内容、方式和效能的问题。

2. 职业技能培训

职业技能培训并非只是为了发展员工个人的职业能力，同时也是为了让

员工正确理解企业的方针、制度，懂得相关指令的真正意义，并能够主动改善工作质量，提升业绩、降低成本，从而为团队利益最大化创造有利条件。

3. 人力资源培训

该阶段主要针对员工的态度、知识储备与技能掌握等方面进行培训。态度关系到员工在工作中如何看待与执行企业的方针、制度；知识储备则是员工基于对企业文化的了解，所掌握的对工作、生活等各方面认知的综合；技能掌握则是员工如何在本岗位工作范围内去宣扬企业的文化，直接体现员工参与团队工作的水平。

对员工在这些方面的综合培训，应与企业各项要求加以结合，以提高他们的认识，并能将员工职业发展规划同企业发展规划结合起来。

3.2 如何让培训成为一个系统

培训质量是企业发展的生命，构建科学合理、符合企业特点和要求的培训模式是众多房地产销售企业培训管理者孜孜追求的目标。培训成功的关键在于让培训系统化。

3.2.1 做好培训流程管理

想让培训系统化，必须从培训流程的管理入手。

1. 培训需求调查

该部分工作内容主要包括调查部门工作目标、岗位能力要求、销售业绩考评结果、个人成长需要、其他环节反馈等。企业要针对调查结果，开展对组织需求、岗位需求和员工需求的分析。

培训需求调查与分析是培训的基础环节，能够为具体培训提供明确的目标指引。

2. 培训计划制订

根据企业发展战略与文化实际，结合员工发展规划，对年度、季度、月度的培训工作进行规划，制定出培训时间、地点、培训者、参与者和经费预算等系列工作计划。在具体实施过程中，还要对方案计划不断修改、完善与细化，并增强培训效果。

值得注意的是，培训计划不能脱离实际，需要在对培训需求调查与分析的基础上制订，同时应充分考虑企业的实际情况与经费预算，对不同的后续按计划进行优选，满足经营管理的实际需求。

3. 培训课程开发

培训课程开发，包括课程的形成、实施、评价与改变等环节。在培训课程开发时，门店经理要充分考虑培训需求、受训者兴趣、动机和学习风格，课程最终的开发成果应包括培训讲师手册、学员手册、练习和案例手册、测试题库、演示 PPT 等材料。

4. 培训组织实施

想要做好员工培训，组织者就要做好组织和实施工作。其中包括以下内容。

①前期沟通和确认。选择具体讲师之后，还应同他们反复确认课件设计及对培训资源的需求，这不仅是为了服务和配合讲师，更是为了确保培训效果。

②专业组织。包括确定培训时间，对员工的培训日程做好安排，充分考虑到员工能否全部出席、设施能否充分利用；培训地点的选择，注意选择距离适中、交通方便、设施齐全、环境良好的场所，从而保证培训效果。

③课程实施和控制。课程实施由讲师主导，但在授课前，应由企业或门店领导做开场介绍，包括介绍本次培训的背景、目的、讲师背景、对学员的要求等。

在课程实施过程中，应由组织人员积极配合讲师做些工作，包括资料分发、组织小组讨论、维护学员纪律、设备支持等；还应安排人员积极观察、了解员工对课程内容的反馈信息，如果出现问题，应和讲师及时沟通并进行调整。

5. 培训评估跟进

培训结束一周内，应将培训效果评估信息加以集中。讲师部分的评估应由门店或企业培训专员直接反馈给讲师，帮助他们认识到自身的优势与不足。学员部分的评估则要有针对性地反馈给个人。

3.2.2　做好培训制度管理

没有规矩，不成方圆，想要让培训效果更上一层楼，就要按制度进行管理。其中，不仅要有宏观整体的制度，还要有对应的规范流程来对培训工作进行约束与激励。

培训管理制度设计和使用包括以下 3 个步骤。

1. 制度体系架构设立

制度体系架构设立包括建立企业培训制度整体运行架构和分类体系。其中，培训制度整体运行架构可以分级制订，如一级程序制度、二级管理办法、三级指导操作手册等。分类体系则包括计划管理类、资源管理类、人员管理类等。

2. 培训制度建立

培训制度建立包括编写培训制度，对培训制度进行评审、修改、颁布、实施、宣传和执行等。

3. 培训制度管理

设计能够诊断培训制度的工具，形成诊断报告，对培训制度的执行情况进行统计。根据培训需要，对培训制度提出增删、修改的建议。

3.2.3　培训质量记录与表格管理

培训质量记录工作是指对培训工作建立档案，以表格形式对各类培训资料进行分类与分档。这一工作能为企业未来培训工作的开展提供参考，同时也能为员工考核、晋升、奖惩提供重要依据。

1. 对员工受训资料表格的管理工作

培训结束后，对员工受训的有关资料进行整体记录，形成表格，归入人事档案。当员工面临个人职务调动、职位升迁、年度考评、工作授权以及未来培训时，可以调出培训情况记录表格，作为参考依据。

2. 对培训资料的管理

在培训结束并汇总员工档案表格后，还要进一步汇总培训资料，包括参训人数及实际上课人数、缺席人员和缺席原因、培训评估统计和分析、检讨和改进建议、测验或作业结果、受训者的反馈建议、培训总结记录等。

3. 培训相关档案表格

培训结束后，将相关文件表格及时归档，包括培训讲师的教学、业绩档案，培训所使用的设备成本档案等。

小节作业

思考并回答下列问题。

1. 请列出一次培训之后所要准备和整理的记录、表格，你的门店是如何管理这些资料的？

_____

_____

_____

2. 请设计出对你的门店最具实际指导作用的培训制度。

_____

_____

_____

3.3 培训中管理者的5种角色

在培训中，管理者要以多种角色参与进来发挥出良好的模范带头作用，同时把控培训的进度与质量。其中，管理者主要承担的角色有5种，如图3.3-1所示。

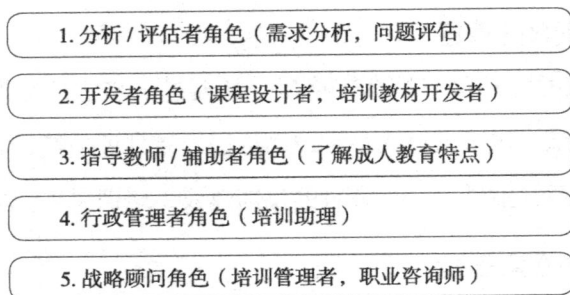

1. 分析/评估者角色（需求分析，问题评估）

2. 开发者角色（课程设计者，培训教材开发者）

3. 指导教师/辅助者角色（了解成人教育特点）

4. 行政管理者角色（培训助理）

5. 战略顾问角色（培训管理者，职业咨询师）

图 3.3-1　培训中管理者的 5 种角色

3.3.1　分析/评估者角色

在培训进行中与结束后，管理者应分别对培训效果进行充分分析和评估。需要分析的内容：员工培训结果、所学知识、技能的转移与运用、工作绩效的改变等。评估方面应针对本次评估的特定方案，于评估过程中系统搜集资料并给予合理评价，同时作为未来对培训方案进行筛选、采用或修改的依据。

通过分析和评估者角色的履行，管理者可以仔细检查培训中不同阶段和整体计划的优缺点，寻找相应的改善措施，以期提升培训工作效率。

3.3.2　开发者角色

培训应该有明确的目的，因此管理者要积极介入课程开发和设计过程中。

在进行房地产销售课程开发时，管理者应首先关注员工的核心需求，即通过获得知识与技能来提高工作绩效。为此，在课程设计和开发中，必须做好以下几点。

- 日常积累丰富的素材，建立完善的课程资源库，确保其中知识结构的合理有序，帮助员工挑选合适而精确的学习内容。
- 充分考虑到学习者的需求，根据目前员工已有的认知水平和经验，设计情境化、简洁化、通俗化的课程。
- 在课程开发时，应选用多种学习方式。为了避免因课程时间过长而影响员工的学习积极性，可以融入相应的激励机制，激发员工的主动性和积极性。

3.3.3 指导教师/辅助者角色

在房地产销售企业或门店的培训中，管理者经常担任指导教师或辅助者角色，面临着培训一线的工作任务。为此，他们需要理解员工作为成人的学习特点。

1. 清楚的自我概念

成人学习具有充分的自主性和独立性，他们有自己的认知需求，有自我选择学习内容的能力。因此，他们不会全盘接受教师讲授的内容，而是有目的地接受知识。

2. 拥有一定的学习和工作经验

作为社会成员，成人对许多事物都有直接或间接的经验。指导教师或辅助者应充分以他们的个人经验作为指导，帮助学员在此基础上联想、比较和思考，接受并理解学习内容。

3. 以工作为中心，以问题为导向

经纪人的学习计划同他们的工作职责紧密结合，以其生活和工作为中心

展开。这是因为成人学习有着明确的目的，必然与其工作中面临的问题和任务紧密结合。

除了上述主要特点外，管理者还应强调培训中学习策略、方式和倾向的充分稳定性，同时也要突出个体的差异性和独特性。

3.3.4　行政管理者角色

一些门店经理尤其是刚升职的负责人，很容易将自己定位在优秀讲师上，而忽略了管理职责。实际上，他们既要懂得建立和完善培训体系，积极开发课程，同时又要做好培训助理的工作，这都是管理者的职责。

身为培训管理者，需要做好以下辅助工作。

1. 准备工作

为培训准备场地、设备和课件，还可以根据培训内容适当安排条幅、音乐等，让培训能够在合适的情境中进行。

2. 签到

为了掌握员工培训出勤状况，每次培训都应有专门的签到表。管理者应设计包括员工的姓名、部门、联系方式等信息的签到表，并安排专人负责签到工作。

3. 心态

管理者需组织培训前的会议和讨论，帮助员工尽快从工作状态转入培训状态，完成心理准备。此外，还要向员工宣布培训纪律，包括考勤制度、教学纪律、请假办法等。

对于培训过程中使用到的器材，应安排专门人员或由管理者亲自负责保管维护。一旦设备出现问题，要能够立刻修理或替换，从而避免因此而导致的培训中断。

3.3.5 战略顾问角色

在培训项目实施的过程中，房地产销售企业管理者必须根据不断变化的实际情况转换自己的角色。从战略角度出发，其肩负的顾问角色贯穿始终，分别体现在以下 4 个阶段。

1. 准备阶段

如果将员工看成客户，将培训看成咨询项目，那么在准备阶段的主要任务就是了解员工所面临的真正问题，并说服他们相信自己能解决这些问题。当上下级在准备阶段建立充分信任后，就能有效开展培训。

在这一阶段中，管理者最重要的角色是员工的朋友，同时管理者也是员工学习的倡导者。管理者要给员工以情感与理念的支持，消除员工对培训的顾虑，增强其对自身和培训讲师的信心。

2. 需求调查阶段

当培训项目启动后，管理者的首要任务是根据自身对问题的理解，运用不同的方法和工具搜集必要的信息和数据，在此基础上做出对员工需求的诊断。为此，管理者最重要的角色行为是通过对数据的搜集、分析、整合和诊断，利用个别访谈、群体访谈、问卷调查、实地观察、报告文件等方式进行综合分析归纳，对其中关键的数据与信息进行处理。

3. 设计课程和提出建议

根据对员工需求的诊断，管理者应提出解决问题的培训方向，并同培训讲师共同确定课程。课程方案的制订是整个培训项目最关键的环节，除了对特定问题加以解决外，还应考虑到员工的特征和培训项目的可行性。

4. 实施阶段

在培训实施过程中，管理者的任务是根据计划进行培训，或由本人对课程进行具体讲授，或邀请企业内外讲师进行指导。无论何种情况，管理者都必须担任培训工作的领导者角色，对所有参与者进行鼓舞和激励，增强他们的信心。

3.4 房地产经纪人培训的 4 个技巧

面向房地产经纪人进行的培训，主要是让员工学习职业自身所需要的特殊知识和技能，帮助员工掌握具体的技巧并加以应用。

3.4.1 向房地产经纪人提供指导的 4 个方法

向房地产经纪人提供指导，要用到以下 4 个方法。

1. 提供指导

提供指导，是指当交流技术信息受限或经纪人不了解其任务时，由培训者直接指示，使其了解必要的信息。这一方法经常用于新员工培训中，主要包括以下几个方面。

• 对现有任务进行概述。如目前的任务有怎样的重要意义、需要何时完成、采用何种方法等。

• 逐步展示信息。包括任务的背景、对象、地点、时间以及其他相关数据。

• 在具体指导过程中应适时暂停，检查经纪人对任务相关信息的关键节点是否有所了解。可以采用提问或要求经纪人复述内容的方法进行。

• 具体指导结束后，在实际工作或日后培训中，应再次检查经纪人对上次指导内容的理解。

2. 行为示范

该方法主要用于展示一项具体技巧，如给陌生人打电话、联络业主、保持友善态度等。

3. 提供反馈

在培训的任何阶段，当培训者意识到需要了解经纪人对培训知识和技能的理解程度时，就应采取相应方法，要求他们进行表述。

4. 听取意见

培训是培训者与学习者之间的互动。只有积极听取他们的意见，了解他们的感受和想法，才能随时调整培训中不完善的部分，使培训更具价值。

3.4.2　向房地产经纪人进行行为示范的 5 个关键点

培训者向房地产经纪人做出行为示范的关键如下。

1. 描述活动

向员工提出问题，描述活动，并进行指导。这些任务如图 3.4-1 所示。

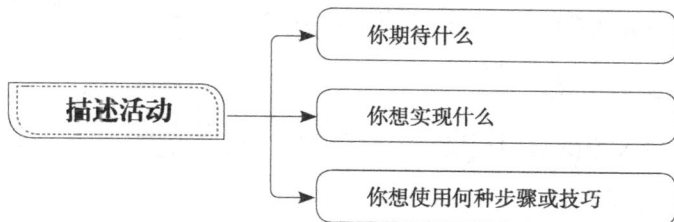

图 3.4-1　培训者向房地产经纪人描述活动

2. 展示活动

由讲师或管理者按照所描述的行为进行指定情境下工作的演示活动。必要时，员工也应参与到演示活动中。

3. 讨论活动中所发生的内容

围绕在展示活动中发生的行为内容，和员工讨论，如图 3.4-2 所示。

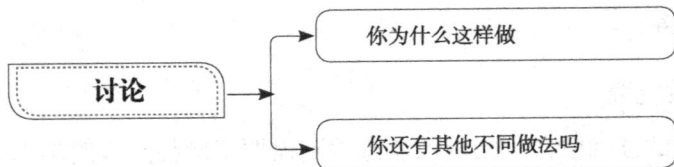

图 3.4-2　展示活动中的讨论

4. 让经纪人演练

可以采取分组分批演练的方式，也可以按照抽签形式进行自由演练。演练时间根据需要进行控制，但人员参与范围应尽可能大。

5. 给经纪人反馈意见

对经纪人在演练中的表现进行评价，指出其问题和不足，同时对其优点加以肯定。

3.4.3　向房地产经纪人提供反馈的 5 个技巧

培训者向房地产经纪人提供反馈，包括以下 5 个技巧。

1. 使用第一人称

在向经纪人提供培训反馈时，多使用"我们"这样的第一人称，从而加强其认同感。

2. 不要作出判断

反馈的目的是将培训中学员的表现、讲师的感受等信息及时提供给培训者，而不是作出结论性的判断。因此，在提供反馈时，尽量不要用肯定或否定的语气内容去表明判断。

3. 使用"三明治"技巧

所谓"三明治"技巧，是指将积极反馈与消极反馈结合起来，其传达顺序为"积极反馈——消极反馈——积极反馈"，即首先向学员传递正面评价，随后提出不足和改善建议，最后再指出其现有的优势基础。这样的技巧能够让员工更顺利、全面地接受和理解反馈内容。

4. 说明而非评价

在向员工进行信息反馈时，管理者需要多使用说明语气，而不是居高临下地评价。例如，"今天我们来讨论一下上次培训中你的表现……"比"我们认为你上次培训的成绩是……"的表达效果要好得多。

5. 内容具体

反馈的内容应具体、翔实，列明对方表现中值得注意的事实，这样才能令对方产生深刻印象。反之，浮光掠影地泛泛而谈，则无法打动对方。

3.4.4　培训中的倾听技巧与提问技巧

在培训中，当经纪人遇到某些问题时，可以用倾听和提问的技巧来解决。通过引导员工说出问题，并亲自解决他们的问题，能够使他们的业绩稳步提升。

倾听和提问的具体操作技巧如下。

1. 倾听技巧

①听取意见时，管理者不要打断对方，而是要耐心等其说出自己的看法和感受。

②要有目光接触，不应东张西望，应调动对方讨论的积极性。

③从经纪人的角度理解问题，不要先入为主。

④不要认为你以前已经听过此类内容而不认真听，避免错过重要的细节信息。

2. 提问技巧

①多使用开放性问题来评估当前的情况。只有多提出开放性问题，才能拓宽讨论的思路，得到更多信息。

②真实地了解问题。从易到难提出问题，强调答案的真实性。

③帮助衡量其他作法。例如，提出"你觉得换这种做法是否可以？"等问题，启发员工去考虑新的途径。

④推动对方作出决定。提出"你是否准备好了？"等问题，能够让员工产生应有的动力。

⑤表明你对经纪人的信心。说出"我非常相信你，你自己呢？"等语句，可以帮助经纪人有效避免自我怀疑。

第 **4** 章

激励管理：
被充分激励的员工才能带来利润

4.1 员工被有效激励的 3 个要素

员工是有鲜明性格和复杂心理因素的人。想要让他们被充分激励，管理者需要利用 3 个要素，具体内容如图 4.1-1 所示。

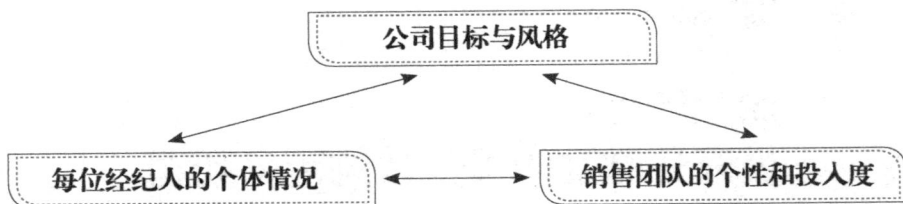

图 4.1-1 员工被有效激励的 3 个要素

4.1.1 公司的目标和风格

公司有怎样的企业文化，就有怎样的工作目标和行事风格，可以通过以下几个方面对团队的积极性造成影响。

1.工作目标

制定过高的工作目标，可能会激励员工创造出较高产能，但同时也会对其造成较大的压力，长远来看影响其工作积极性。

2.团队精神

一方面，公司需要团队精神，提高集体的工作意愿；另一方面，过于强调团队精神，有可能降低优秀经纪人的业绩水平，并导致低产能的员工选择"滥竽充数"。

3.工作关系

友好的工作关系，能够让门店工作氛围更为舒心，但却有可能降低整体工作业绩；严谨的、程序式的工作关系，可以让员工充满竞争力，但也有可能导致员工之间的关系恶化。

管理者必须从以上3点着手，根据现实需要，对具体的环境因素进行调节。

另一个影响积极性的关键因素在于活动跟踪，即管理者如何去了解和干预员工的服务活动。如果活动跟踪方法使用得当，并能够与团队的氛围紧密融合，就能够强化员工对客户的服务水平。例如，CENTURY 21®质量服务计划就提供了强大的活动跟踪能力保障，提高员工的服务水平，帮助他们评估工作现状、客户满意度，从而建立规范的质量服务流程。

小节作业

你如何描述自己及团队的风格？

_____

_____

_____

4.1.2 销售队伍的个性和投入

销售队伍的个性和投入，能通过以下3个方面的具体因素去影响团队的积极性。

1. 集体性格

如果工作团队的集体性格偏向于稳定、成熟和忠诚，这无疑会让执行力有充分保障。但他们同样会因此而抗拒任何有风险的变动，使团队整体表现得缺少创造性，例如缺少激情，抗拒新鲜事物，拒绝变化，缺少目标塑造激情等。

2. 个性圈子

随着工作团队规模的扩大，新老经纪人之间由于利益或兴趣的一致性，很容易形成小圈子。由此形成的小团体文化是公司必须要面对和投入精力去解决的，其中最严重的如老员工设法侵占新员工利益、夺取其客户资源等情况，这需要管理者以公平公正的态度和良好的平衡手段加以预防和解决。

3. 新人影响

具有成功目标的新人，在表面上看来最容易被激励，但他们的个性往往比较难以琢磨，在工作表现中也有不稳定性，管理者必须防止这一特点影响到整个团队的个性与风格。有鉴于此，管理者应通过新人培训、目标引导、梦想激励、制订详细工作清单等帮新员工保持稳定性。

小节作业

你如何描述公司销售队伍的现状？

_____

_____

_____

4.1.3 经纪人的个体状况

每位经纪人的个体状况表现，可以从以下 3 个方面来看。

1. 基本个性

基本个性包括成就欲，即展示能力的愿望强弱；团队精神强弱，即是否愿意接受并融入团队；权力欲，即控制他人和局势的欲望强弱。

2. 生存状况

根据马斯洛的研究结果，管理者可以根据某位员工某段时间所处的需求层次来了解其个体需求情况，如图 4.1-2 所示。

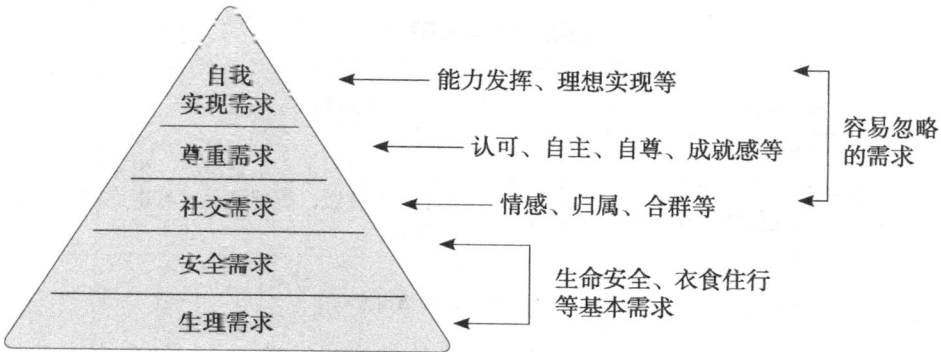

图 4.1-2　马斯洛需求层次理论

3.对工作氛围的反应

管理者还能够通过观察员工对工作氛围的反应，了解不同员工是否被氛围影响、是否满意工作环境。参考标准如图 4.1-3 所示。

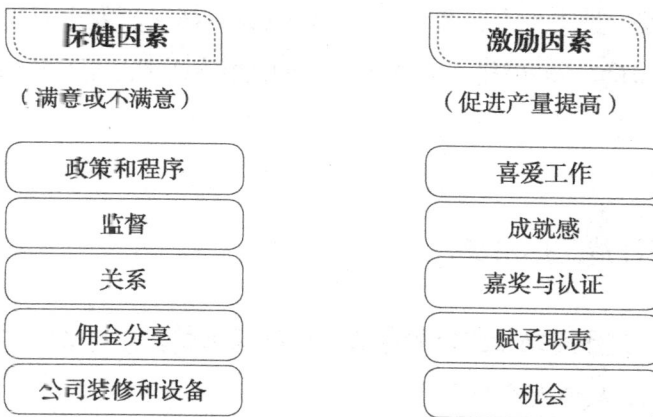

图 4.1-3　员工对工作氛围的反应参考标准

保健因素与激励因素的概念来自心理学家赫兹伯格的研究，其意义区别如图 4.1-4 所示。

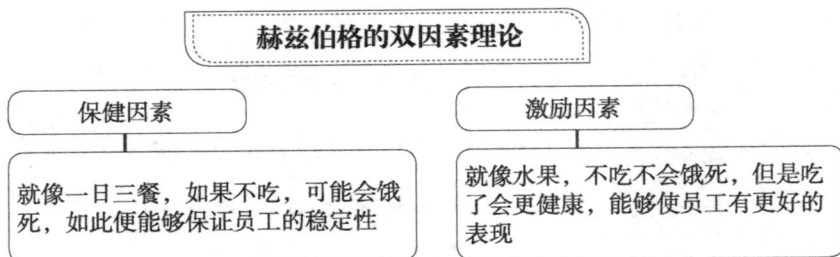

图 4.1-4　保健因素与激励因素对比

管理者应根据每位员工的表现，了解他们关注的重点是保健因素还是激励因素，以及具体关注其中哪一领域，从而确定他们的个体状况。

4.2　如何创造激励环境，让员工充满斗志

门店环境、员工个人、团队集体，这些看似独立的因素构成了房地产销售企业的工作环境。环境能否通过强化因素的影响让员工充满斗志，值得每个管理者深刻思考。

4.2.1　如何打造门店形象

门店形象并不单纯指建筑表象所构成的视觉形象，而是包括多种元素在内的整体印象，具体内容如下。

1. 店面形象

除了企业品牌标识之外，店面的装潢布置、用品设施、宣传展品等，都是店面形象的重要部分。

2. 宣传形象

宣传形象包括企业在电视、广播、公告栏、分类广告、慈善事业、互联网等平台上展现的形象。

3. 人员形象

人员形象包括企业员工的统一着装、名片和交通工具标志等。例如，21世纪不动产公司的经纪人无论在何处工作，都会身穿公司的金色制服，给客户留下深刻印象。

4. 专业形象

公司形象还体现在工具、材料和渠道，包括营销工具、推荐网络等的专业性上。如 21 世纪不动产公司的营销工具有卖主用户化营销系统、买方代理用户化房屋搜寻系统、竞争者检查表等。

同时，销售集会、奖励大会、连续解决方案和专题会议等也是集中体现公司专业形象的好时机。这些都能够充分刺激那些拥有自我激励能力的员工不断努力。

4.2.2　如何打造个人及团体形象

企业可以通过规范化的制度与工具为员工打造出良好的统一形象。

1. 个人形象打造

下面是 21 世纪不动产公司的个人形象管理规定。

着装检查标准

工服工鞋干净，无明显污渍、无异味、无褶皱。

夏季着装为黑色或灰色系 POLO 衫，黑色或藏蓝色西裤，正装腰带，黑色皮鞋，深色袜子（男士）。

常规着装为金色西服制服，白色正装长袖衬衫，系领带，黑色或藏蓝色西裤，正装腰带，黑色皮鞋，深色袜子（男士）。

除了有着装检查标准外，21 世纪不动产公司还有更具实际指导作用的细节规范。图 4.2-1~ 图 4.2-5 所示为 21 世纪不动产公司针对男士和女士的不同着装要求。

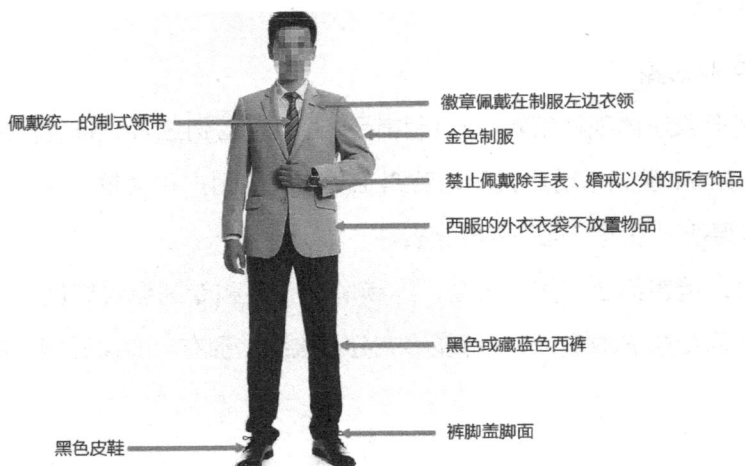

佩戴统一的制式领带

徽章佩戴在制服左边衣领

金色制服

禁止佩戴除手表、婚戒以外的所有饰品

西服的外衣衣袋不放置物品

黑色或藏蓝色西裤

黑色皮鞋

裤脚盖脚面

图 4.2-1　21 世纪不动产公司对男士的着装要求（1）

男士保持头发清洁整齐，必须露额，发长3~5cm，不得覆耳

面部干净，每日刮胡须

领带尾部刚好在皮带扣的位置

确保双手清洁，指甲干净整洁，不得长于指肚，不得有颜色

衬衫塞进裤腰

正装黑色皮带

图 4.2-2　21 世纪不动产公司对男士的着装要求（2）

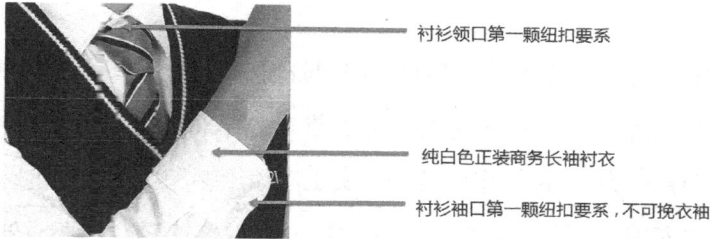

衬衫领口第一颗纽扣要系

纯白色正装商务长袖衬衣

衬衫袖口第一颗纽扣要系，不可挽衣袖

图 4.2-3　21 世纪不动产公司对男士的着装要求（3）

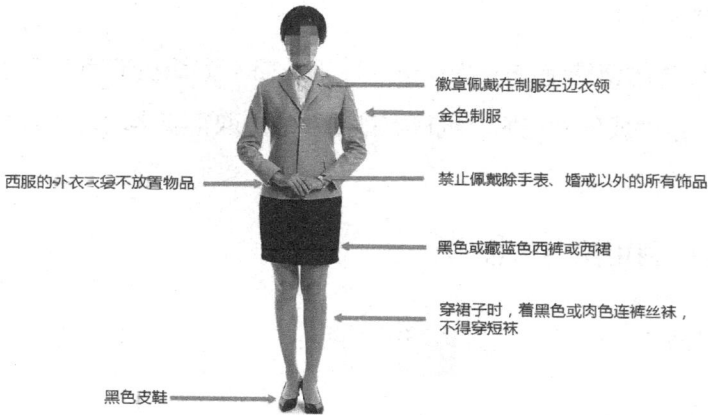

徽章佩戴在制服左边衣领

金色制服

西服的外衣衣袋不放置物品

禁止佩戴除手表、婚戒以外的所有饰品

黑色或藏蓝色西裤或西裙

穿裙子时，着黑色或肉色连裤丝袜，不得穿短袜

黑色支鞋

图 4.2-4　21 世纪不动产公司对女士的着装要求（1）

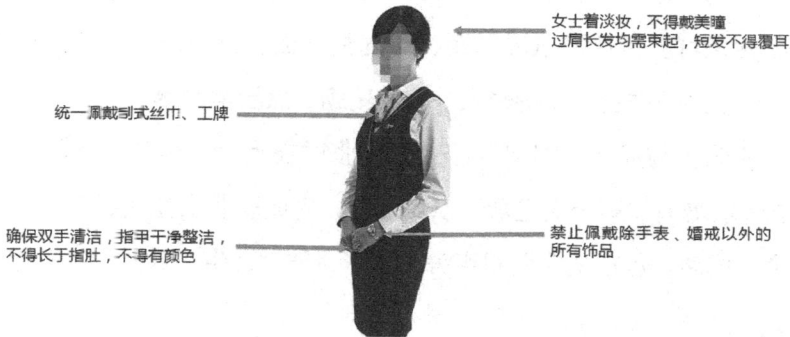

女士着淡妆，不得戴美瞳
过肩长发均需束起，短发不得覆耳

统一佩戴司式丝巾、工牌

确保双手清洁，指甲干净整洁，不得长于指肚，不得有颜色

禁止佩戴除手表、婚戒以外的所有饰品

图 4.2-5　21 世纪不动产公司对女士的着装要求（2）

2. 团队形象打造

一个团队的形象包括 3 个基本要素：团队的视觉特征、行为特征和理念

特征。

视觉特征是指一个团队的标志。例如公司标志、产品标志、制服式样等。

行为特征则是指团队的运行行为、管理效率和成员的行为规范。例如一家公司的经营行为、管理效率以及公司员工应该遵循和实际表现的行为规范等。

理念特征是指团队的经营理念，其中包括团队的宗旨、目标、发展战略等。例如，一家房地产销售公司的经营理念、创办公司的宗旨、公司的目标追求、公司的发展战略等。

团队形象的塑造绝非一劳永逸，只有长期不懈地塑造团队形象，一点一滴积累，在条件成熟时把握时机重点打造，才能取得事半功倍的效果。

4.2.3　如何利用拉力与推力

企业对员工的激励分为拉力与推力两种。

1. 拉力

拉力，是指如同磁铁那样吸引员工前进的事物（如目标、梦想、荣誉、认可等）。可以重点利用的拉力工具包括以下3种。

①高度认可。包括资讯展示板、年度奖励板、公司及区域奖励记录、分级佣金计划、共同进餐、款待家人、培训奖励、旅游奖励等。

②职业荣誉与成功。如将经纪人照片张贴在大厅、名片、宣传资料上，又如完成各项培训、第一次记录、职业晋升、完成职业生涯规划等。

③个人成功。包括从业期间买房、买车、结婚、生子等。

2. 推力

推力，是指在员工身后鞭策他们前进的事物，如考核、问责等。其中能够重点利用的工具包括：员工书面保证，达成一致的目标、计划、活动量标准；高调披露产量不足的经纪人，公布月产能表、委托动态监控表，给予值班分配资源的压力，进行持续监督和再招聘等。

小节作业

思考并回答下列问题。

1. 你如何利用拉力工具去激励员工？

_____

_____

_____

2. 你如何利用推力工具去推动员工？

_____

_____

_____

4.2.4 如何树立标杆

在企业团队内，能力与业绩兼具的优秀同事无疑是最具影响力的标杆。管理者明确树立先进的方法模板，选择正确的模范人物，可以让标杆具备良好的推动作用。

能够在团队内产生标杆影响的员工，主要包括以下3种类型。

1. 业绩突出者

通过业绩评比，选择出一段时间内业绩最优秀的员工，评出"本周销售之星""本月销售之星"等，将他们的照片悬挂在特殊位置并予以表彰。此外，还可以评比出"单项冠军"，如"房源开发冠军""客户带看冠军""最佳合作者"等。

2. 成长迅速者

只依据绝对业绩数字评选标杆员工，起到的引领示范作用有限，产生的影响力也较弱。房地产销售企业完全可以根据不同团队和门店的实际情况，选择一段时间内业绩成长最为迅速和明显的员工，以他们作为标杆去激励其他员工。

3. 管理者本人

所有门店的管理者几乎都有着通过努力工作获得提升的历史，企业可以将管理者本人作为标杆，让员工了解其成长经历，获得充分的激励。

4.2.5 如何通过目标愿景激励员工

团队对目标的愿景并非虚无缥缈。合理化地构建和传达愿景，能够使员工将个人的奋斗目标同团队的愿景结合起来，获得不断尝试的勇气和动力。

1. 个人愿景

当员工刚进入团队时，很容易缺乏明确精准的工作目标，更不用说有强烈的个人愿景了。为此，管理者务必通过下列 4 个问题，去帮助他们形成职业期待。

- "你是谁？"这一问题让员工反思自我的特质、背景，形成应有的正确认识。
- "你从哪里来？"这一问题能够让员工看清自己目前拥有和欠缺的资源，并因此而感到不满足，产生动力。
- "你要到哪里去？"这一问题让员工对未来形成明确具体的愿景，帮助他们寻找出通向成功的路径。
- "你的人生梦想是什么？"这一问题能帮助员工找到更长远的理想目标，而不局限于短期的收入和业绩目标。

2. 制订计划

销售团队应定期制订激励计划，并将目标愿景写入其中。激励计划的形成包括以下要求。

• 短期与长期敫励相结合。让愿景作为长期激励的内容，让业绩奖励成为短期激励的内容。

• 有效运用马斯洛需求层次理论、期望理论与公平理论，愿景不应只是满足员工生活所需的金钱奖励，还要能满足他们自我实现感等精神价值的高尚理想。

• 与公司和团队目标相关。愿景并非是脱离实际的，而是能对当下的具体目标产生实际影响的。

4.3 如何成功召开销售会议

销售会议是旁地产销售门店日常工作的重要内容，也是激励员工的主要渠道。重视销售会议，才能看到员工的不断改变。

4.3.1 如何做好销售会议的准备

召开销售会议，应事先做好充分准备，必须先明确以下 4 个问题。

1. 必要性

管理者必须事先分析判断是否必须通过开会的形式来解决问题、激励员工。

2. 目的性

一次销售会议的召开必须有清晰的目的。管理者应该明确销售会议举行的目的和意义，以及想要达到的目标。

3. 确定议题

随着目标的确定，会议议题也应得以确定：是探讨和分析市场，还是对已有工作进行回顾和展望，或是解决员工的实际问题等。目标明确，会议的针对性才能更强。

4. 确定会议具体内容

确定会议具体内容包括确定时间、地点，通知员工并强调纪律，准备必要的会议资料，如销售报表、月度总结、各种表格及投影仪、记录本等。

4.3.2　销售会议内容的 4 个核心

销售会议的成功组织，离不开对 4 个核心内容的把握，其构成如下。

1. 嘉奖与认可

销售会议是对员工进行嘉奖与认可的良机。为了做好这一工作，管理者要认真准备将向团队介绍的每一个经纪人的情况，包括其入职时间、背景、成长轨迹、工作业绩和未来目标等，随后提出鼓励和表扬。

当然，针对其他员工，管理者也要表示接纳与包容，善于发现他们的每一点进步，并给予充分认可。

2. 信息通报

在会议上，管理者可以通报经纪人需要的事件信息。大部分此类信息可以形成文字材料，然后将其分发给经纪人，并选择其中的重要内容进行口头通报。具体事件信息案例如下。

- 金融市场的变化。
- 手册或销售工具的使用评估，最好包括某位经纪人对其如何帮助自己取得成功的个人看法。

- 事件日历，包括近期需要完成的事项任务等。
- 行政性事务，如下一次地区销售大会或年会、培训研讨会或讲座、公司的活动等。

3. 市场营销

市场营销工作是销售会议中至关重要的内容，主要包括以下方面。

房源委托，如分发打印好的新房源委托材料和"房源概述"，以及现有房源委托的变动材料。在每月第一次会议上，还应介绍上月房源委托状况，并评估所有的房源委托、发现并记录买主和卖主来源，持续更新委托来源记录表并在每次会议上展示。

目标市场营销活动报告，包括成功经验、员工最新挖掘到的房源和客户需求等。

讨论营销方法和技巧，包括何种工具与服务能够达成营销结果，讨论创新的工具和服务等。

特定买主的具体需求交流。

4. 培训

在会议后半程，可以用 20~30 分钟的时间，帮助经纪人学习和训练销售技巧，方式包括经验分享、行为示范、角色扮演等。

在销售会议的结尾部分，管理者应适当提高音量，对经纪人在某具体业务操作上的表现进行鼓励，从而引导他们向实现成功的目标迈进。

小节作业

请列出一份月销售总结会议的议程提纲。

_____

_____

_____

4.3.3　成功召开销售会议的 8 个技巧

成功召开一次销售会议应注意运用以下 8 个技巧。

①明确会议要达成的目标，在会议开始时就宣布主要目标，便于参会者和管理者集中注意力聆听与讨论。

②例行的早晚会不宜过长，要控制在 30 分钟内，周销售会议和月销售会议可在 60 分钟左右。

③会议应强化时间观念，做到按时开始、准时结束。

④在会议召开之前就要有详细提纲，准备好清晰的会议流程与内容。

⑤尽量避免会议场所内外的干扰，要求手机静音。

⑥注意防止会议主题的分散，避免争论和个人长时间谈话，如果出现类似情况可以提示在会下沟通。

⑦掌控会议进程，合理分配时间与注意力。

⑧做好详细的会议记录，便于日后考核和回顾。

4.4　如何开好分阶段销售会议

不同阶段的销售会议有不同的特点。根据现实需要，为这些会议设计出不同的具体执行细节，才能凸显销售会议的主题。

主要的分阶段销售会议种类有：每天举行的早会和晚会，每周固定时间举行的周例会，每月月初举行的月启动会，如图 4.4-1 所示。

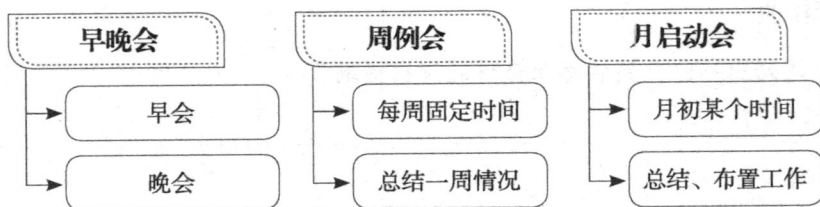

早晚会	周例会	月启动会
早会	每周固定时间	月初某个时间
晚会	总结一周情况	总结、布置工作

图 4.4-1　分阶段销售会议的种类

4.4.1　早会程序及具体执行细节

早会是一天销售工作的开端，其流程如图 4.4-2 所示。

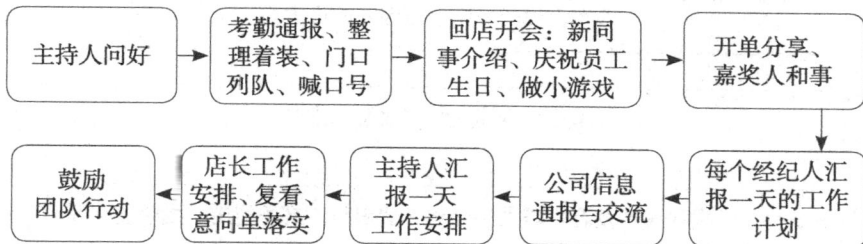

图 4.4-2　早会流程

具体技巧如下。

①早会可以由门店经理固定担任主持人，也可以由所有人轮流担任主持人。

②列队后除了选择喊口号外，还可以选择唱歌、做操或跳舞，以鼓舞士气。

③在开会前进行活跃气氛的集体活动，如做小游戏等，注意避免重复。

④分享信息或汇报工作应简短有力，每人用时不宜超过 3 分钟。

4.4.2　晚会程序及具体执行细节

晚会是每天销售工作的总结，其具体流程如图 4.4-3 所示。

```
┌─────────────────────────────────────────────────┐
│                   主持人问好                      │
└─────────────────────────────────────────────────┘
                        │
                        ▼
┌─────────────────────────────────────────────────┐
│ 工作成果汇总：每个经纪人汇报一天工作计划的完成情况，量化完成情况 │
│          检查，说明未完成原因及改进方法               │
└─────────────────────────────────────────────────┘
                        │
                        ▼
┌─────────────────────────────────────────────────┐
│              本月、本周业绩完成情况排名               │
└─────────────────────────────────────────────────┘
                        │
                        ▼
┌─────────────────────────────────────────────────┐
│   案例分享（委托房产及客户需求的变化、营销新工具的使用、成败故事等）   │
└─────────────────────────────────────────────────┘
                        │
                        ▼
┌─────────────────────────────────────────────────┐
│               二次带看，意向单报备                  │
└─────────────────────────────────────────────────┘
                        │
                        ▼
┌─────────────────────────────────────────────────┐
│            对当日工作表现差的员工进行推动              │
└─────────────────────────────────────────────────┘
                        │
                        ▼
┌─────────────────────────────────────────────────┐
│           店长总结、做第二天的工作安排                │
└─────────────────────────────────────────────────┘
                        │
                        ▼
┌─────────────────────────────────────────────────┐
│           留下业绩落后员工，进行深入谈话              │
└─────────────────────────────────────────────────┘
```

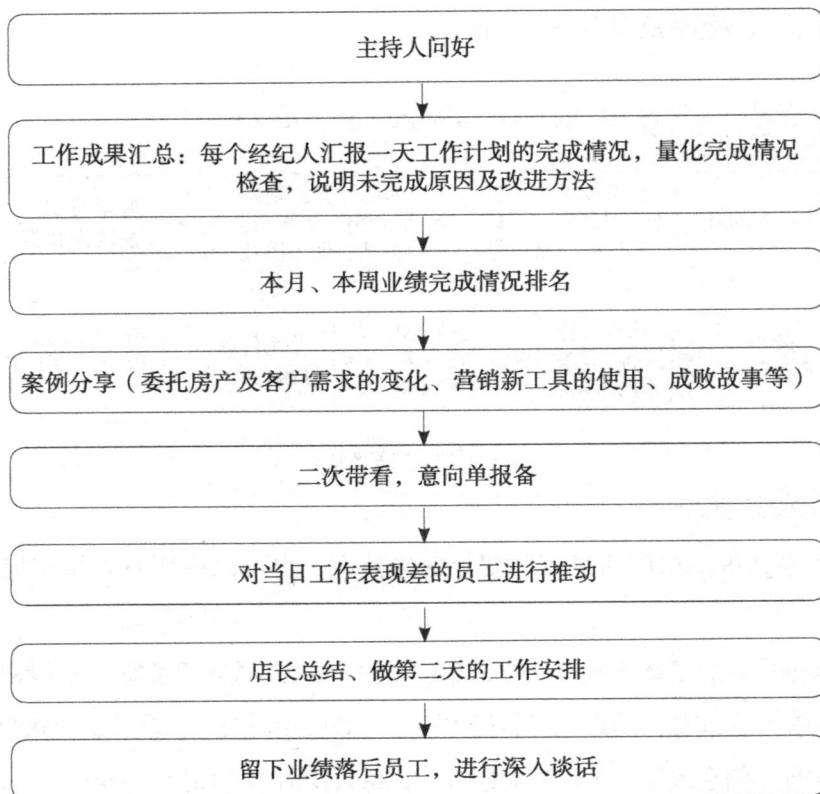

图 4.4-3　晚会流程

具体执行技巧如下。

①开门见山，对当天工作成效进行总结，要嘉奖优秀的员工和分享高效的工作方法。

②重点指出应改进和提升的方向，明确讲出第二天的团队计划和每个人的工作重点。

③不要打击员工的积极性，而要提出具体的完善措施。

4.4.3　周例会程序及具体执行细节

周例会是每周销售工作的常规开端，其具体流程如图 4.4-4 所示。

店长主持：展示上一周全店的业绩并进行比较分析，每个经纪人对自己上一周的工作进行总结（4个主要数据：房源数量，客户数量及提升，看房次数，成交情况等）

↓

说明上周未能完成计划的原因，进行本周计划安排（A类房源量及总房源量提升计划；A、B类客户提升计划，看房次数，成交套数及佣金计划）

↓

一周业务信息（房源、客户、带看、磋商、成交等）通报和交流

↓

案例分享，问题解析，建议每周一个主题

↓

店长做总结，重申目标，团队激励

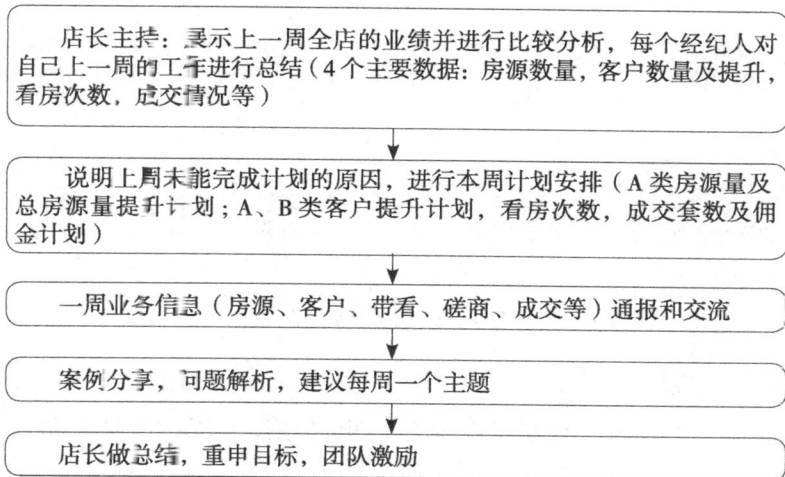

图 4.4-4　周例会流程

具体操作技巧如下。

①数据为主。在开周例会之前，应及时整理上周销售情况，一般包括以下5种数据：周销售目标达成情况、各小组的销售额、各人的销售额、各小组的沟通数字、新客户的线索数字。

②及时分享案例。对案例中的具体动作进行拆解，请优秀的销售员工分享经验，并由管理者进行重点分析，指出其成功过程中哪些动作是最关键的。

③明确本周目标与关键做法。在周例会中，对细节的具体关注应让位于本周工作目标的明确，并由管理者提出关键做法，提高员工的执行力。

4.4.4　月启动会程序及具体执行细节

月启动会是每月销售工作启动的关键步骤。月启动会是否成功，将影响到本月的团队销售业绩，其流程如图 4.4-5 所示。

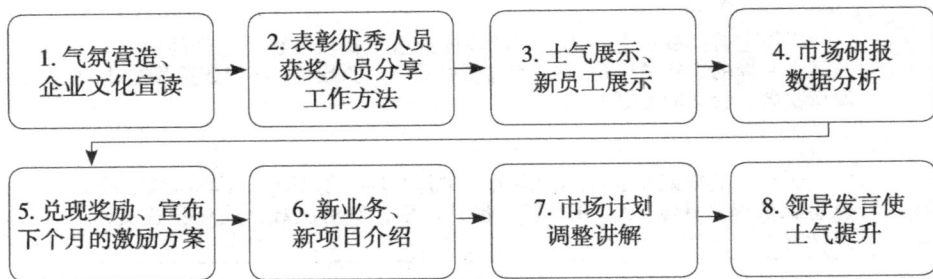

图 4.4-5 月启动会流程

其具体技巧如下。

①提高士气。为了让员工有充分的积极性投入工作，月启动会必须营造出积极向上的氛围。可以在会议开始前表彰上个月的优秀员工，由其分享经验；或由新员工展示工作经验、能力等。在会议结束之前由领导发言，鼓舞士气。

②总结成绩。对月度成绩的总结，既能够帮助一些员工认识到个人的不足，也能够让他们感受到集体的能力。例如，兑现奖励、宣布下个月的激励方案、分析营销数据等，可以从不同角度激励不同的员工：让优秀的员工收获物质和精神激励，让有差距的员工认识到自身的不足之处。

③寻找原因。相对每天和每周的例会，月启动会是总结分析成绩与不足原因的良机。由于有了一段时间的积累，管理者能够在很大程度上排除偶然因素所引起的影响，也就能找到更多主观原因。在月启动会上对此加以公布和分析，能够有效指导员工在新的月度工作中加以改进。

第 **5** 章

决策管理：房地产门店经理的决策秘诀

5.1 如何进行业务线索管理

业务线索是房地产门店的生存基础，也是其发展的动力来源。善于获得业务线索，意味着门店将会有源源不断的客户；而善于管理业务线索，才能维护好来之不易的渠道基础。

5.1.1 利用销售漏斗，管理潜在客户的 3 个步骤

销售漏斗是 21 世纪房地产系统平台运用的重要模型，它反映了营销机会状态及销售的效率，其主要内涵如图 5.1-1 所示。

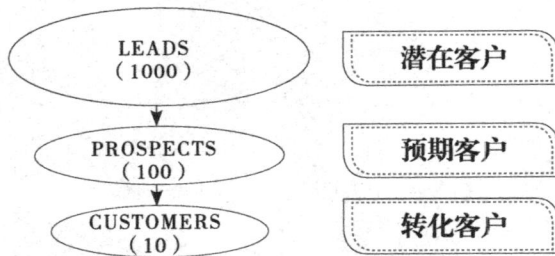

图 5.1-1 销售漏斗

所谓销售漏斗，包括由大及小、由多到少的 3 层结构。

1. 潜在客户

潜在客户，是指存在需求且具备购买能力的待开发客户。通过营销方法从普通目标人群中开发出潜在客户，以获取充分的营销对象资源。

2. 预期客户

为潜在客户提供服务，例如免费咨询和信息展示等，将意向明显的人从潜在关注者逐步转化为预期购买者。

3. 转化客户

针对预期客户，进一步提高他们对服务和产品的满意度，从而使他们成为真正的客户，完成成交。

作为重要的销售管理模型，销售漏斗定义了销售过程中的阶段划分，并围绕其中的关键因素，指出了潜在客户、预期客户和转化客户的区别。管理者通过对销售漏斗中的转化率、转化周期等指标进行分析评估，能够准确了解经纪人和团队的销售能力，发现销售过程中的障碍与瓶颈，及时发现异常问题并加以解决。

5.1.2　寻找、获取和控制业务线索的 6 个关键

房地产销售门店通过建立有效的业务线索管理体系，可以发现营销机会。这意味着在对业务线索的寻找、获取和控制下，管理者可以引导经纪人开发出更高的利润发展潜能，确保其能够获得由公司带来的业务机会，从而为个人和公司创造较大的经济利润。

业务线索的寻找、获取和控制，主要包括以下 6 个关键点。

1. 客户线索管理

客户线索管理包括对信息来源的跟踪和分配。通过寻找并确定潜在客户，以跟进服务形式，确定跟踪路径，并将之分配给具体对接人员，确保客户线索有转化为业务的可能。

2. 客户开发管理

对客户开发进程的管理工具包括建立和使用非地理性数据库、建立分配标准、对资格进行预先审核和重新分配等。

当潜在客户转化为意向客户后，需要建立进一步的分配标准，并对客户资格进行预先审核，重新给其分配对应的经纪人。

3. 客户需求管理

提前形成客户需求的传送和沟通程序，利用培训方式确保全体员工熟练掌握这些程序，并将筛选和推荐程序进一步传授给每位具体执行的经纪人，以便他们了解、掌握和划分客户的需求内容。

4. 客户服务管理

建立服务接受标准、公司营销计划，通过管理沟通、战略会议，对客户服务内容有针对性地进行分类、实施或中止。

5. 客户交易管理

围绕客户交易内容的记录建立文件数据输入标准，以图形跟踪和文字报告的方法对成交数据进行录入和管理。

6. 客户跟踪管理

建立客户联系渠道，将联系内容录入客户数据库，重点突出客户事件，并围绕不同事件形成沟通和再分配流程。

小节作业

请列出一份文件目录提纲，需包含客户线索管理的 6 个关键方面。

_____

_____

_____

5.1.3 管理者如何做好报表批阅

报表批阅是门店管理者对客户线索管理的重要督导方法。通过对营销系统中报表的批阅，管理者可以全面掌握不同经纪人处理客户线索的进度情况。

其中需要重点关注的内容包括以下几方面。

①事务和处理进度。包括是否存在未跟进、未带看、未成交等超时或违规行为。

②房源信息处理进度。即是否存在无图片、无委托、无跟进、无业主电话等信息缺失问题。

③新增客源情况。即是否存在无跟进、无意向描述、无联系记录、疑似虚假信息等问题。

④业务排行情况。对各项业务节点长期排名滞后、连续跌落、业绩异常等情况进行跟踪了解。

⑤总业绩来源情况。包括二手房、租房、新房、金融等业务业绩来源占比的了解和统计。

⑥人员入职、离职情况。人员入职情况、离职情况和原因提醒，经营性人员的占比情况等。

⑦月度门店成本明细单。包括工资、店铺、外宣、水电、水费等成本的占比情况。

通过对报表数据的闭环管理，管理者能够实现对门店和经纪人在标准业务节点和进度的监空。因此，在批阅报表时，管理者应该从核心业务量到营业情况占比分析的信息收集、分析入手，为经纪人提供更细致的经营管理数据，并以对数据批阅的结果作为管理、问责、奖惩等激励手段的依据。

5.1.4　管理者如何做好会议部署

会议部署是管理者做出和传达决策的渠道，也是提升士气、做出指示的手段。

管理者的会议部署主要分为以下两种。

1. 日常会议部署

日常会议部署主要面向全体员工，由管理者做出统一决策并下达和执行，其中主要部署的内容如下。

①按服务流程进行信息沟通与传递。根据不同员工服务流程的进度，了解信息，沟通问题，提供参考方法，传递具体指示。

②问题阐述与分析。对集中出现的问题进行阐述和分析。

③研讨解决方案。管理者与所有员工进行讨论，提出解决方案。此时，应尽量全面地听取和了解更多人的意见，从不同方面设想方案的作用，并对方案做出改进和完善。

④落实方案。结合方案内容，由管理者组织具体人员去执行并落实方案。

⑤书面记录。由会议记录员做好会议的书面记录。

⑥过程控制。会议结束后，开始按照方案，由专人控制执行过程。

2. 业务专题会议部署

业务专题会议部署的主要参与人员为门店管理者和业务骨干，主题为讨论和解决日常业务问题，其重要步骤如下。

①问题阐述。由业务骨干总结事先了解的一致性问题，具体描述其表现和所造成的损害。

②难点分析。包括难以解决问题的表现、原因和尝试过的方法以及问题的瓶颈所在。

③方法研讨。对解决方法进行讨论，就不同方法所产生的具体差异进行比对，评选出其中的优秀方法。

④相互协作。管理者和业务骨干、或业务骨干之间进行相互协作，提供资源，获得新的方案。

⑤执行安排。对新方案的执行进行安排部署，必须做到目标、方法和执行人都明确。

小节作业

围绕下面的问题，设计业务专题部署会议的议程。

发现对手房原委托比我们多，怎么办？

_____

_____

_____

5.1.5 管理者如何做好员工指导

对员工的指导从侧面显示出管理者的决策水平，也能够间接改变员工的执行效率。管理者必须在日常工作和会议部署上，努力提高指导的准确性和专业性。

员工指导的重点如图 5.1-2 所示。

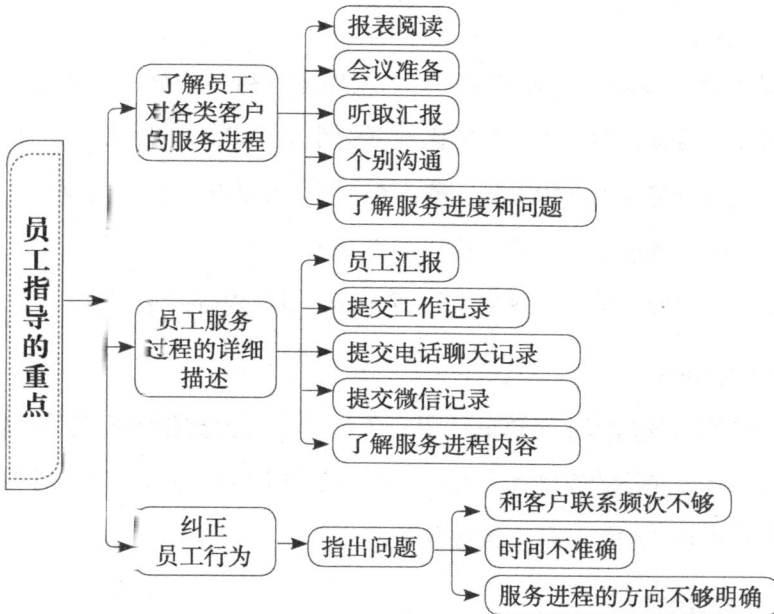

图 5.1-2 员工指导的重点

在纠正员工的行为时，管理者不仅要帮助员工意识到行为中存在的问题，还要让他们看到这些问题可能对成交结果产生的负面影响。这样，他们才能真正了解对问题加以纠正的意义。

此外，管理者还可以通过亲自示范、文字指示、集体培训等方式，向员工传达正确方法。正确方法不仅要有明确的内容，还要有结构清晰的步骤，便于员工具体操作。

而员工通过对正确方法的复述，强化正确印象，修改相应的工作计划，做出完善服务的承诺。这样，管理者对员工的指导才能产生实际效果。

5.1.6 管理者如何做好业务介入

管理者虽然负责整个门店或公司的运行，但这并不意味着他们就理所当然地远离营销一线工作。在必要时，管理者必须懂得选择合适的时机，以正确的方法介入业务。

管理者介入业务，是为了以自身的工作能力和经验协助个别或集体员工寻找更多业务线索，并提高业务转化的可能性。因此，对业务的介入是管理者对整个门店进行督导的有力措施。管理者必须每天坚持去了解、分析业务资源，将发现、挖掘和推进业务当成自身的重要责任。

管理者应从动作和要求两方面进行介入，具体内容如下。

1. 介入动作

管理者可以通过指示下属进行业务介入，例如，直接指示员工做房屋推介、客户服务、磋商和签约安排等。此外，在重要业务的推进过程中，管理者还可以直接和重点客户联络，从而推进业务。

2. 介入要求

管理者需要按照月度、季度和年度划分，结合门店和企业的任务计划，为自己制订介入工作计划。不仅如此，管理者还应懂得将介入工作任务分配到更小的时间单元，并严格要求自己。

例如，某门店经理为自己制定的介入要求为：与当日新增业主 100% 联络，与当日新增客户 100% 联络，与当日新增带看 100% 联络。按照类似的要求去做，管理者就能日积月累，以量变带来质变，不断提升门店的业绩。

5.2 如何做好门店员工的再聘用与解聘工作

对于具体执行管理任务的门店经理而言，对员工的再聘用和解聘并不是令人愉快的事。然而，为了让门店决策更为科学、合理并能落到实处，做好相关工作也非常必要。只有选择正确的解决方案，才能对团队和员工产生更有利的结果。

5.2.1 为什么需要再聘用

设计再聘用或解聘方案是从整个企业的健康发展着眼的。任何商业组织都不可能坐等那些低绩效甚至负绩效的人辞职或退休，而是要不断追求组织内部的新陈代谢，确保团队内人员有竞争意识和向上动力。唯有如此，企业管理者才能对房源委托者、整个团队、购买者和自己负责，企业才能在激烈的市场竞争中得以存活并保持活力。

同时，让那些不适合在房地产经纪人岗位上的员工离开，表面上是"剥夺"了他们现有的工作，但实际上却可以使他们重新选择适合自己的岗位，并获得真正的成功，实现人生价值；也能由此对部分人员产生积极健康的压力，这种压力将促使他们努力发挥潜力，并由此获得成功。

5.2.2 如何再聘用销售经理

再聘用是一种权力，同时也是一种责任。企业领导再聘用销售经理，会产生两种结果：或者他们取得成功并获得奖励，或者他们最终被解聘。合理地使用再聘用这一权力，企业领导就会减少解聘的次数，并由此保证团队的稳定性。

对销售经理的再聘用有以下 4 个步骤。

1. 公司评估

①销售经理对自身工作职责的理解是否和管理者的理解一致？

②销售经理是否有清晰的、与管理者共同认同的目标？

③销售经理获得报酬的方式能否保证他们履行相关的职责？

④企业内目前的薪酬体系是否合理？

2. 高度重视

再聘用在开始之前，就应引起企业领导的充分重视。这是由于目前的门店经理更注重房源委托和销售等事务，对招聘工作的重视程度不够，导致相关工作效率降低。企业领导必须在再聘用流程开始之前，就提醒他们避免这样的错误。

3. 具体工作

①企业领导应该安排一位行政助理负责处理非关键性的管理事务，如果没有这样的助理，可以安排一位销售经理兼职负责相关事务并获得报酬。

②领导拟订每月活动计划，针对各门店销售经理的关键职责分配时间，并让行政助理去负责进一步的计划和分配。每个销售经理都应根据分配到的全部表格资料去制订个人经营计划。

4. 再聘用步骤

①定期会见销售经理，借机施加适当的压力。

②评估销售经理的工作，包括对关键职责的履行情况、对工作时间的分配和利用、对销售管理的记录、针对现有目标取得的进展。

③如果他们并没有实现既定的目标，领导就可以对他们实施再聘用程序。

小节作业

填写再聘用（Rehiring）会见安排表，如表 5.2-1 所示。

表 5.2-1　再聘用（Rehiring）会见安排表

姓名	日期	实行的计划	跟踪会见情况

5.2.3　如何做好再聘用准备

再聘用工作同样适用于门店管理中的经纪人或其他员工，其准备步骤如下。

①检查五大功能的执行基础。

具体来说，五大功能的关系如图 5.2-1 所示。

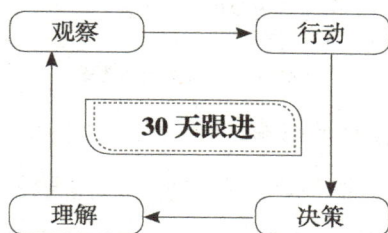

图 5.2-1　五大功能的关系图

观察、行动、决策、理解和 30 天跟进这五大功能环节形成了经纪人再聘用系统的循环流程。经理必须确保这些功能有良好的执行基础，包括上下级的信任、良好的团队关系、应有的时间和环境等。

②单独面谈。

门店经理应定期和业绩不佳的经纪人进行面谈，表达对其工作目标的关注和担心。通过面谈进一步了解其未能达成目标的原因。

③检查目标和公司履行职责情况。

首先应检查并确定目标的合理性；其次应检查门店经理自身的责任，并找出团队的错误。如果不是团队的错误，也应该确保经纪人了解这些错误。

④检查员工的职责是否履行到位。

•付出的时间是否足够。

•付出的努力是否对应，有多少时间真正花在创造收入上。

•是否掌握了对应的技能，如用户个性化市场营销综述、市场发掘、业务跟踪、找到合适的买主、展示和带看房源、成交。

⑤检查员工是否正确使用营销体系和工具。

⑥检查员工对几个要素的关注，如图 5.2-2 所示。

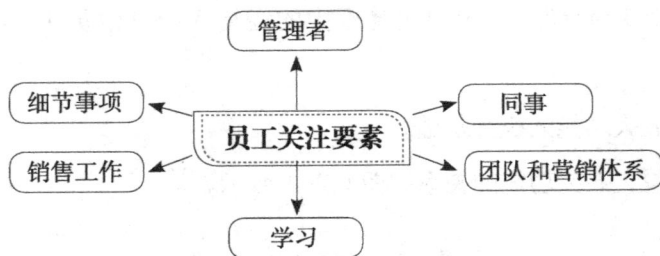

图 5.2-2　员工关注的要素

⑦了解私人问题对工作的影响。

如了解家庭、健康、情感等方面的情况。需要注意的是，对这些情况只需进行中立角度的必要了解，帮助员工找到未能达成目标的原因所在。

5.2.4 如何开展再聘用流程

管理者经过之前的准备工作，对员工未能达成目标的问题和责任进行全面观察，这样，新目标将得以明确。在此基础上开展再聘用流程，具体如下。

1. 回顾员工书面承诺

员工的书面承诺包括员工的自我期望书、经纪人职责书、目标设定工作表、跟踪委托房源或销售额表、90 天工作表现报告等。指出员工未能具体实现承诺的表现和原因，并得到他们的理解和认同。

2. 确定问题

根据原因与书面承诺进行对比后，找到问题所在。如果该问题能够通过员工自己的努力去解决，管理者可以提出解决方案；如果不能，就应该婉转且友好地让他们同意离职。

3. 解决方案的提出

提出解决方案，首先要获得员工的同意，否则在随后的工作中无法得到他们的具体配合与执行，问题依然难以解决。其次，要帮助他们制订为期 30 天的解决计划，该书面计划应明确包括以下内容。

①员工需要采取的行动。

②员工应如何行动。

③短期成果目标的设定。

可以将完成具体的业务数量作为目标，也可以以获得首次委托房源数量为目标。在设定目标时，应该为员工提供新的起点，而不是盲目要求追赶，从而帮助他们缓释压力。例如，告诉员工"30 天之后，我们再根据你那时的水平来设定目标"，这样既暗示了期限，又帮他们增强了动力。

4. 方案跟进

在 30 天之内，管理者要经常召开会议，全面了解解决方案的进展情况。

如果发现解决计划不起作用，就意味着员工或许不能胜任工作，也有可能是没有找准问题所在。

5. 最终决策

此时，管理者可以做出图 5.2-3 所示的选择。

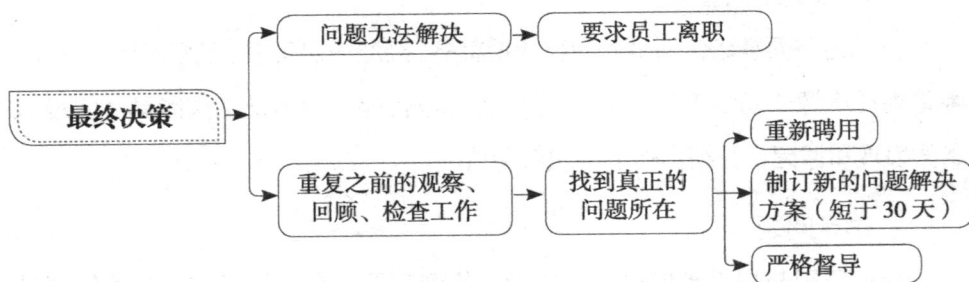

图 5.2-3　如何进行最终决策

5.3　如何打造并成就销售经理

门店经理很容易忽视如何打造经理的问题，他们大都认为自己也正在努力成为优秀经理，从下属中挑选人才并打造成销售经理是遥不可及的事。但事实恰恰相反，深入了解这一问题，无论对门店经理个人还是团队，都有相当重要的意义。

5.3.1　为什么要打造并成就销售经理

打造并成就销售经理的重要原因有以下两点。

1. 充分准备

成功企业发展的经验证明，企业必须准备合适的门店销售经理替代人选，以防现任销售经理由于某种原因突然离职而导致无人可用。门店销售经理本人也应做足这样的准备。对经理个人而言，为这个关键职位配置优秀的备用人选，是对企业负责，也是对信任自己的客户负责，同样是对支持和帮助门店的员工负责。

2. 吸引员工

毫无疑问，每个门店经理都希望员工有充足的进取意愿，而这样的员工一旦获得了足够的经验和技能，必然会期待更大的发展。如果不建立经理储备制度，他们就看不到发展的机会，当时机成熟时，他们将另谋出路。

因此，一开始对员工进行培训时，就应让他们清楚：当他们努力提高自身后，就有机会成为门店经理。

5.3.2　销售经理必须具备的五种能力

销售经理需要具备以下五种能力。

1. 销售技能

销售经理既要具备市场营销和房地产销售的理论基础，又要具备已经被业绩验证的具体能力。

2. 时间管理

销售经理应该拥有强大的时间分配和管理能力，懂得什么时候对整个门店进行战略管理，什么时候亲临一线介入实际业务。同时也要懂得分配和利用自身的时间，既要清楚经理不是朝九晚五固定时间的岗位，也要明确自身的权力边界，不对任何工作都包办代劳。

3. 善于决断

储备的销售经理应具有开放包容的心态，受人尊敬的同时又善于决断。坚信公司的营销体系与平台能力，并相信现在的上级。

4. 有效的努力

能够成为销售经理的员工，必然都在现有岗位上付出过应有的努力，并获得过出色的成绩。

5. 成功欲望，开阔心胸

一方面，销售经理要拥有成功的欲望，始终追求更加优秀的自我；另一方面，他还要展现出开阔的心胸，不排斥压力和竞争。

5.3.3　销售经理必须具备的八大能力

当门店出现能履行上述职责的销售经理后备人员后，现任经理有义务对他们进行培训和考核，并由此进行挑选，将其中最优秀的人选升任为销售经理助理。

在接下来的工作中，需要对备用人选进行以下八种能力的考核。

• 实地培训新经纪人的能力，督导其"工作流程"。这一工作能力应力求简单实用，能够在短期内见效。

• 对新经纪人的课堂培训能力。

• 招聘能力，即准备招聘材料、发布招聘通知等一系列工作的能力。

• 接听应聘电话并回复、邀约到店面试的能力。

• 协助被招聘进入团队的新员工开展销售工作的能力。

• 在培训中，引导新经纪人根据培训要求做出承诺，并协助他们在工作起步阶段兑现承诺的能力。

• 协助门店经理组织新员工召开销售会议的能力。

• 协助对其招聘和培训过的经纪人进行再聘用计划的能力。

当这些后备人选确实拥有这些能力后，经理还应对这些人选实施督导并定期当面交流，确定他们的成长方向，并始终客观记录他们的进步与发展，从而提供适当的压力。

5.3.4 销售经理与其他素质要求

除了上述基本职责和能力外，销售经理还应有其他素质要求，包括以下几个方面。

①对每天的工作内容进行时间规划的能力。

②五大工作职能的均衡安排能力。

③完成业务与行政事务的能力。

例如，在有合格员工抵达专门岗位之前，销售经理需完成这些事务，包括分配广告资源、撰写广告内容、为房源拍摄展示照片、制订带看与推荐计划、检查合同、整理每二个人业绩文件、准备每月销售额报表、管理客户引荐、拟定办公时间安排、安排新的房源注册等。

④明确自己不应介入事务范围的能力。这包括不要花时间在无产出的经纪人身上；不要花时间在买主身上，他们应该由具体的经纪人负责。此外，销售经理也不应成为值班接听电话的人。

⑤对意向客户跟进并完成后期服务进程的能力。

⑥跟进店大行政助理工作的能力。

5.3.5 销售经理的薪酬规划与业绩跟踪策略

为了对门店销售经理的业绩做出有效跟踪，房地产销售企业应积极做好以下工作。

1. 由专人保留以下信息记录

①存于经理个人档案中的二次聘用计划的承诺，包括期望书及 90 天工作表现报告、经纪人职责书、每月行事历、目标设定工作表、委托房源跟踪表 / 销售额跟踪表等。

②避免管理死角的文档，包括每月委托房源状况报表、销售额报表、委托房源征集情况报表、客户引荐报表、年度奖励报表等。

③公司相关资料，包括销售队伍概况、买主和卖主资料、场内活动调查材料、以利润为目标的生产计划和团队建设材料等。

在必要时，通过对上述档案材料进行分析总结，能够有效得出某个门店经理的业绩情况。

2. 控制、督导和聘用

企业的高层管理者应定期会见不同门店的销售经理，既要对他们施加适当的压力，也要对其工作业绩进行有效评估。

对销售经理主要的评估内容包括以下几个方面。

- 五大关键职责的履行情况。

- 门店经理是如何利用时间工作的。

- 销售管理的记录。

- 针对具体目标取得的进展。

通过评估上述内容，如果确定门店经理并没有实现目标，就应对他们实施再聘用或解聘程序。

3. 薪酬规划

①根据行业平均水平、企业发展阶段，设立销售经理的起薪。

②根据销售经理完成五大关键职责的情况进行评估。

③对可变指标进行评估，如管理能力的高低、业务量的多少、士气的高

低等。

④对销售经理旳其他信息进行分析了解。例如，他们如果选择跳槽，企业的竞争对手会给他们多少薪酬，他们是否会自己开办公司等。

通过对上述因素的综合分析，进行薪酬计算，其计算方法如下。

（1）按照门店净收入的一定百分比计算

这种薪酬计算方法能够确保销售经理对门店整体业绩的关注。所谓门店净收入，是指从总收入中扣除某些指定费用后的利润余额。通常，利用这种方法计算的经理报酬有其最低限额规定。

（2）针对特定业绩发放奖金红利

例如，经纪人在一段时间内实现了预期目标，或是某种具体行为或业绩，如门店新经纪人全部在规定时间内完成了第一笔业务等，都可以发放专门的奖金红利。

（3）底薪加提成模式

采取底薪加小比例的门店收入提成，以此作为销售经理的报酬，也是受欢迎的方式。虽然这种方式有可能减少了总薪酬，但却能够提供更大的安全性，对普通销售经理有足够的吸引力。

值得注意的是，企业不应提高门店经理从其个人房源销售中获得的提成，这不仅对公司利润不利，还将导致他们把注意力转移到具体业务上。这显然是企业不愿意看到的。

5.4　如何做好管理决策——盈利水平决策与推广费用决策

领导决策是一家企业商业计划成败的关键。科学的决策能指导企业全体员工应对困难、解决问题，从而提高企业竞争力。

在房地产销售企业的经营中，最重要的两大决策如图 5.4-1 所示。

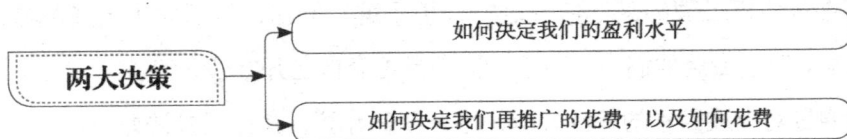

图 5.4-1　房地产销售企业经营中的两大决策

5.4.1　盈利水平决策的四大关键

盈利水平决策的成功有以下四大关键要素。

1. 盈利水平

决定盈利水平的具体因素有很多，包括信誉、资本、风险、专长，但最重要的是努力程度，即店面管理水平。

按照图 5.4-2 中的提示，分析考虑你所管理的门店付出了多大的努力而获得盈利。

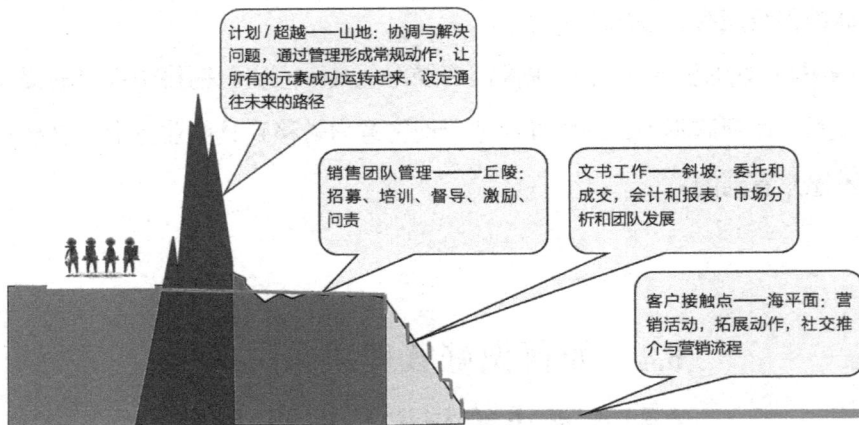

图 5.4-2　盈利水平影响因素

2. 盈利计划

想要实现盈利，必须制订计划。计划中列出的成本对企业而言并非"损失"，而是"机会"。因此，科学合理地制订计划，计算所付出的成本数量、预期获得的回报，能够帮助盈利决策取得成功。

企业主要应考虑的计划内容如下。

- 盈利能力：目标利润率、基本回报。
- 目标市场判断：潜在业务量、竞争市场份额。
- 市场预测：包括 12 个月内的营业收入、销售成本、运营费用等。
- 经纪人支出：平均经纪人产能、符合实际需要的提成比例、总成本结构比例等。

在对经纪人各个级别薪酬提成的设计上，必须基于对整体成本和公司利润的分析而做出。为此，还需要考虑经纪人的基本薪酬、分红、奖励、绩效考核等。

3. 盈利模式

盈利模式的选择与建设对盈利决策的成功至关重要。有了良好的模式，盈利决策才能拥有施展的平台并顺利成功。

用以了解盈利模式的要素包括以下 3 点。

- 创收来源，包括房源获得、房源售出、佣金收入等。
- 节省费用，包括成本和运营费用方面的有效节约。
- 盈利水平评估，包括对目标、预算的跟踪和评估策略。

小节作业

完成表 5.4-1，评估你的门店店面管理水平，分析应采取哪种对应的盈利决策。

表 5.4-1 门店管理评估

层面	运营的水平					
客户接触点——海平面（Sea Level）		1Lo	2	3	4	5Hi
1	营销活动 网络宣传，门店驻守，开展社区活动					
2	为了目前或将来的机会而做的拓展工作					
3	推介 社交推广与良好的营销流程					
文书工作 —— 斜坡（Slopes）						
4	房源委托和成交					
5	会计和报表 催收与收款、付款 预算和报告					
6	行动和市场数据 竞争市场份额，客户和销售团队的发展					
发展销售团队——丘陵（The Foothills）						
7	招募和培训 招聘广告，联系，职业说明会，店内与店外培训					
8	督导和激励 生产力的评估，销售会议，竞赛等					
计划／指引——山地（Mountain Country）						
9	协调与问题的解决 让大多数事情变成常规动作					
10	业务策略 让所有的元素成功运转起来，设定通往未来的路径					

5.4.2　推广费用决策的 5 个核心

房地产销售的成功绝不是仅靠广告宣传就能达成的。但推广可以从市场中获得更多的委托房源、业主，这样才有可能获得成功。因此，推广费用的决策不可忽视。

做出正确推广费用决策的基础，在于了解推广费用决策的含义和意义。

推广费用决策的最主要内容是管理者决定花费多少成本在广告上，以及决定如何花费。发布推广广告的目的是吸引买方和卖方，而并非只是为了推广某一套房源，更不是为了取悦卖家和销售团队。

根据调查显示，推广广告能带来更多的新客户流量。一个成功的广告很可能帮助企业获得意想不到的盈利。

因此，在做出推广费用决策之前，要掌握以下 5 个核心步骤。

①召开会议，以"我们为买家提供他们需要的广告，而不是出售房源"为出发点，要求经纪人每周提交一些有创意的广告方案。

②虽然大部分同行业竞争者单纯利用分类广告去按房源产品推送广告信息，但企业应采用其他的推广策略和展示方法获得客户流量。

③打造"热门"的在售房源，这些广告能比其他任何媒体推广带来更多的咨询。

④不要过度相信那些看起来更激进、效果更好的广告，如果门店的经纪人队伍只相信这种广告，管理者就应该说服他们。

⑤对每个推广方案所产生的效果进行排序，其效果重要性序列为：买方 > 卖方 > 业主 > 销售团队。

小节作业

思考并回答下列问题。

①在以下3种情况下，我们需要花费多少广告费促成一个房源被售出？

a. 广告本身设计不合理

b. 房源本身不具有可售性

c. 卖方并没有决定把售价调整到市场价

_____

_____

_____

②如果要打造"热门"的在售房源，你能采取哪些有用的措施，为什么？

_____

_____

_____

第 **6** 章

营销管理：没有不盈利的门店，
只有做不好的营销

6.1 如何利用门店做好营销推广

门店是营销推广的发源地，最大限度地开发门店的硬件设施、软件环境和人力资源，目的是让每个门店持续盈利。

6.1.1 做好门店营销的 3 个思考

想要做好门店营销，管理者首先要思考以下 3 个问题。

1. 门店提供什么样的营销服务

门店向客户提供优质的服务，经纪人从与门店中客户的接触开始，在整个服务过程中，通过诚实、正直和及时响应来体现出服务价值。这样，才能留下良好印象并获得顾客推荐和再次合作的机会。

2. 门店的成功取决于什么

门店的成功取决于门店能获得的可销售房源委托数量和客户委托数量。

3. 门店拥有资源的来源

门店拥有可销售的房源委托数量由门店销售队伍的规模以及他们获取房源委托的能力决定（同样适用于客户委托数量）。

管理者必须考虑如何使店面能容纳更多的经纪人。

根据经验，每家房地产营销店面通常至少需要 20 名经纪人。如果除店面前厅、会议室、股东 / 经理办公室、行政办公区、后勤办公区之外再也没有地方为经纪人配置办公室，管理者可考虑以下选择。

①降低店面的经纪人数量目标。

②搬迁到店面面积更大的地方。

③在现有空间中安排更多办公桌。

④腾出地方，为经纪人提供固定办公区和不固定办公区。

只有正确解答了上述 3 个问题，你才能确定自己能经营好一家房地产营销门店。

小节作业

思考并回答下列问题。

1. 新的门店如何获得足够的可销售房源委托数量和客户委托数量？

_____

_____

_____

2. 新的门店如何建立起足够规模的销售队伍，他们获取委托的能力如何？

_____

_____

_____

6.1.2　好的店面选址

选址是新开一家房地产营销门店的最初步骤。选择好的店面地址能够大幅度提升门店人气，让营销拥有出色的起点。

选择门店地址，须关注以下重要因素。

①地理位置。门店应位于市场的中心位置。

②选择标准。对不同位置进行评价和选择时，应注意可见性和方便程度，即是否容易找到、是否接近汽车道等。

③停车场。包括停车是否方便、是否有充足车位等。实际上，门店员工

也会关注这一问题。

④交通。需考虑门店周围的交通情况。管理者可以从互联网或政府部门获得交通情况的相关数据。

小节作业

假设你是一位门店经理，请完成表 6.1-1 所示的调查表。店面的设施是否有助于鼓励员工的工作？写出表中没有而你希望拥有的内容。

表 6.1-1　门店评价表

项目	答案	备注
你的店面是否位于市场的中心位置		
通往店面的交通方式是什么		
是否有停车困难的问题		
你的店面是否与周围环境融为一体，不易被注意到		
如果让一位眼光挑剔的经纪人来评价，你的店面的显著度能得多少分（显著度从低到高为 1 分至 10 分）		
其他		

6.1.3　具有吸引力的店面装修

房地产门店的装修水平影响着客户对你的信任程度。

下面是房地产门店装修时应注意的要点。

1. 合理布局

①接待区域。根据店面位置、上门客户流量设置接待区的大小。接待区应整洁明亮，将宣传海报和公司介绍展示在墙面上，接待区的整体形象必须让

客户感受到专业和舒适。图 6.1-1 所示为 21 世纪不动产公司某门店接待区域。

图 6.1-1　21 世纪不动产公司某门店接待区域

②办公区域。经纪人的日常工作状态很大程度上影响着店面业绩，因此必须为他们提供良好的工作环境。办公室应格局方正，每个工位周围最好留有空间，电脑建议采用无线设备或一体机。办公区域整体装修风格应简洁大方，并在墙面张贴激励性质的正能量海报。图 6.1-2 所示为 21 世纪不动产公司某门店办公区域。

图 6.1-2　21 世纪不动产公司某门店办公区域

③签单区域。门店所有的努力都是为了客户最后的签单，签单区域的布置也应围绕这一任务准备。该区域要有充足的光线照射，最好摆放几盆绿色植物。谈判桌应宽大，座椅和沙发要柔软舒适，环境布置应充满商业气息。图

6.1-3 所示为 21 世纪不动产公司某门店的签单区域。

图 6.1-3　21 世纪不动产公司某门店的签单区域

2. 装修原则

①门店内可以设置简单的吊顶，让房屋布局显得不单调。

②水电设施应重新调整，在房间内安装足够多的插座。

③网线布局。门店平日的销售、签约离不开网络，在装修时应注重网线的布局科学、合理，有充分的覆盖面积，同时不影响整体环境。

④环保。门店的整体装修既要突出格调品位，也要注重环保，这是对工作人员和客户的健康负责。

⑤实用。文件柜、更衣室、卫生间等设施齐全。

3. 门面装修

①尺寸应尽量大，才能确保显眼。

②整体色调应以黄色为主，醒目、耐看，且有品质感。

③文字色调，应保证白天无灯光时为深色调，夜晚亮灯时为明亮的浅色调。

6.1.4　独特的外观

房地产销售门店应具有独特的外观，能够使观察者通过建筑物的形象来识别其用途。

1. 显眼性

门店外观应充分醒目，整体建筑使人在远处就能看清。

2. 选择建筑结构类型

有 4 种基本建筑类型可供选择，其中每种类型都各有优缺点，如表 6.1-2 所示。

表 6.1-2　不同建筑类型的优缺点

类型	优点	缺点
独立建筑	可见性好，容易进出。这样的门店能确保独立性和私密性，客户不会被周围环境影响，同时也具有相当高的辨识度，能够让意向客户一眼就看到和记住品牌	通常价格昂贵，容量有限。在门店运行初期，也有可能人气不足
购物中心商铺	租金较低，良好的可见性，容易进出，允许步行。此外，购物中心的人气也能为门店增加吸引力	店面形象不突出，容易与其他店面混杂。可能存在停车困难的现象，特别是高利用率的购物中心
住宅小区门面房	具有住宅特征，可见性好。距离住宅区近，能够充分吸引有意愿出售房产的房主和购买房产的客户	通常受面积所限，缺乏高效率的办公格局
写字楼	专业化办公环境有利于提高店面声誉，有利于办公需要。有公共活动区（如休息室）	通常价格昂贵，可见性低，停车困难

3. 外观原则

房地产销售门店的外观应给人愉悦的视觉感受，有着协调、醒目的色彩。无论秉持何种形象原则，门店外观都应保持清洁美观，并随时注意修理受损的地方。图 6.1-4 所示为 21 世纪不动产公司某门店外观。

图 6.1-4　21 世纪不动产公司某门店外观

6.1.5　内部面貌与格局

根据内部业务类型的区分，一家房地产销售门店需注意划分出不同的区域，并进行不同的装修和布置。

主要的业务区域包括以下几个方面。

1. 前厅和接待区

该区域应能在工作区和店外直接看到，装修应时尚美观。主要展示内容包括门店标识、所售房源照片、宣传册、销售员工照片等。

2. 会议室（培训室）和交易室

应具有私密性和抗干扰性，保持干净整洁的环境。

3. 经理办公室

除了具备会议室的特性外，经理办公室还应有便于单独会谈的环境，例如配备单人座椅、明亮灯光、百叶窗等。

4. 信息交流区

信息交流区应利用门店非公共区域的空间角落灵活设置，其中包括指定的信息和邮件区、布告栏、房源登录公告栏等区域。

5. 支援服务区域

该区域主要用于档案储存和管理，以及教育培训资料的储存和保管，如书籍、录音带等。该区域面积不需太大，也无须装修，但要有充足的封闭空间，并能够确保档案、书籍、资料的安全。

6. 经纪人工作区

经纪人工作区应和前厅分开，装修时尚、有活力，商业气息浓厚，桌椅布置整洁。

7. 行政和财务专区

行政和财务专区的装修标准基本与经纪人工作区相同，但应和经纪人工作区有所区分并隔离，以保证行政和财务人员的良好工作环境。

8. 办公设施

门店应设置足够的电话，并设置必要的人员提供应答服务。此外，还需要配备计算器、复印机、计算机、传真机等设备。

小节作业

思考并回答下列问题。

1. 将你所拥有的设施与头号竞争者的设施进行比较，判断一个挑剔的经纪人愿意加入你的团队还是竞争对手的团队，为什么？

_____

_____

_____

2. 在带朋友参观公司时，哪些会让你感到自豪，哪些会让你觉得需要改进？

_____

_____

_____

6.1.6　门店营销建立和改善的 3 个步骤

门店营销建立和改善，主要包括以下 3 个步骤。

1. 确认需求

通过评估现有门店形象，确认门店各区域存在哪些影响营销建立与改善的问题，以便明确调整方向。

下面的练习可以帮助你清楚确认门店形象的改善需求。

①你认为要对门店哪些方面进行改善？

- 地点。
- 标志。
- 外观。
- 前厅与接待区。
- 会议室与交易室。
- 经理办公室。
- 经纪人办公区。
- 培训室。
- 行政及财务区。
- 内部信息系统。
- 支援服务中心。
- 办公设备。
- 休息室。
- 仓库区。
- 与竞争对手相比的不足之处。

②结论：是否应该进行改造、搬迁或新建？

2. 作出承诺

根据上面调查中发现的问题，向员工和自身作出承诺，即重点改善哪些区域、改善作法、更换设备种类等。这些承诺可以在会议上由管理者口头宣布，并做好具体记录。

3. 制订计划

结合门店硬件改造和营销升级需求，制订出明确的日程与事务结合的计划。这些计划应将每一个改造任务的时间、人员、费用分配清楚，确保其具有可执行性。当计划形成后，根据实际进展，对计划中的事项多次查验，随时弥补缺漏。

6.1.7　如何做好多门店营销系统

多门店营销系统是连锁销售企业能够不断成长的优势所在。利用不断增长的门店数量，企业市场份额将不断增加，从而有效提升品牌价值。

在扩大多门店营销系统之前，管理者要慎重思考并分析以下几点内容。

1. 增设门店的必要性

回答下面4个问题，能够了解是否有增设门店的必要性。

• 在企业内，是否能通过新增门店推进多店面协同效应？

• 是否有成功的房产销售管理者加入了企业，并肩负起了新门店的管理责任？

• 企业是否擅长处理增设门店带来的资金压力？

• 如果新门店出现问题，我是否愿意放弃现有工作，投入对新门店的指导和帮助中？

如果你对上述问题的答案均为"是"，那么就应该考虑下一个问题，即增设门店的可行性。

2. 增设门店的可行性

回答下面 4 个问题，能够了解增设门店是否可行。

- 新增门店是否会导致流动资金大幅度减少？
- 新增门店是否会导致管理费用翻倍？
- 新增门店是否会降低管理工作效率？
- 新增门店是否会对原有的成功店面产生负面影响？

明确这些问题的答案并事先确定好预防和解决之道，意味着管理者能够应对增设门店给企业带来的风险。这样，多门店营销系统获得成功的可能性就会大幅增加。

3. 增设门店的盈利能力

在决定增设门店之前，管理者可以通过填写表 6.1-3，对新门店的盈利能力作出预测。

表 6.1-3　新增门店盈利能力预测

个人收入损失（包括作为经纪人的收入）	元
每月费用至少增加	元
如果该店店长不经常在原店面办公，销售业绩是否会出现下降	是（　） 否（　）
如果从现有经纪人中提升一人为销售经理，将增加多少成本	元
月度基本管理费用	元

根据对表 6.1-3 的总结，管理者可以进一步预测在新增门店盈利之前，需要付出多少成本，如表 6.1-4 所示。

表 6.1-4　新增门店成本预测

启动成本	元
累计月亏损额	元
总投资	元

通过以上有效评估，管理者能够围绕门店的盈利能力进行全面的观察和预测，制订新门店盈利方案，为做好多门店营销系统打好基础。

6.2　如何利用团队做好营销推广

营销推广是长期而艰巨的任务，门店的营销推广需建立在团队高效运转的基础上。

6.2.1　团队营销资源的规划与准备

团队营销资源的规划与准备，应落实在以下几个方面。

1. 印刷品
印刷品主要包括广告宣传册（销售广告、买方广告、卖方广告、招聘广告等）。

2. 户外广告
例如：宣传栏、艺术品、音像和电视广告、"楼书"、员工介绍等。

3. 客户服务系统
客户服务系统包括值班经纪人、质量服务跟踪员等员工。

6.2.2 团队营销活动的规划与执行

没有集体执行的活动，就是经纪人在单打独斗，谈不上团队营销。熟悉团队营销活动的种类与内容，可以帮助门店经理做出准确的规划并执行。

团队营销活动内容包括以下几个方面。

1. 团队展示

例如开业、开店、年庆等活动，其要点是由销售团队向潜在客户进行展示并给出建议。

团队展示的灵活性要稍弱于一对一的面谈，但由于团队的规模性特点，其展示出的营销结构性也更强。因此，管理者需要对团队进行控制，对销售展示加以组织，并在展示中安排出特定时间用于沟通和问答。

在团队展示开始时，由经理介绍自己的名字、公司名称，并用清晰简洁的语言介绍想要营销的产品背景。例如可以这样说："上午好，我是×××，来自×××房产销售公司。我来这里想和各位分享我们最近对于二手房市场的观点和建议……"

当然，经理也可以对企业作简要介绍，包括团队的建立、企业理念、门店发展过程及成功案例。在此过程中，可以介绍一些有影响力的房地产楼盘销售情况。这些成功的销售案例可以让客户知道你的来历、相信你的经验和能力，并由此产生更深的信赖。

2. 团队促销

团队促销包括"房源风暴""带看冲击波""集中签约"等优惠促销活动。

团队促销是除广告和宣传之外最能产生效果的促销。一次成功的团队促销离不开所有相关人员的策划和执行，需要团队内有默契的协调合作。

团队促销的优点在于成本较低、短期内效果显著，同时能通过集思广益解决问题。相对于单独促销，团队促销采用非单一沟通的方式，在市场容量大、地域广的情况下，无须支付过多的人力成本。团队促销在短期内能够迅速刺激消费、增加销售量，具有明显的效果。此外，团队促销还能够开发和利用整个团队的力量，使促销活动更加符合市场的实际需求。

需要注意的是，团队促销不是一种短期行为，而是要在企业长期战略框架下进行。企业应该在年初就制订出本年度团队促销计划，以此让团队促销产生长期效应。

3. 团队行销

团队行销活动包括社区活动、场所行销、微信活动等，重点应该落实在与能力较强的企业、机构、组织、平台等进行合作，从中获取有利资源。

例如，团队可以从已经培育成熟的消费者中挑选出信任品牌的忠实客户群体，在该群体中举办内部活动进行行销。也可以针对已经培育起来的市场有选择地开展行销活动，一旦成功就能够借势而入，减少贸然开展行销活动的风险。还可以借用已有的渠道资源，例如政府、社区、酒店、学校、企业等，巧妙地开展团队行销。

6.2.3 团队营销业务衍生与延伸

团队营销的业务不应仅限于狭小的地域或市场，管理者要看准时机，积极推动业务衍生和品牌延伸，催生出更多、更大的营销价值。

1. 品牌延伸

品牌知名度的延伸可以让营销业务进入更为有利的高级房地产市场，也可以批准开设分支加盟店，以获得更多利益。

例如，当企业成长壮大后，可以在省级及以上范围内进行宣传推广，创造品牌效应，以此确立自身在二手房销售行业中的领先地位。又如，在企业扩张过程中，可以要求加盟店店主使用定制的统一新闻模板、免费咨询热线等。

另外，借助品牌已有的知名度、客户偏好，从现有基础起步，利用特别的广告标识、营销资料等，形成独特的广告机会，将企业的服务内容延伸到高利润的高端住宅、物业等细分市场，从而扩大市场份额。

2. 商业投资

利用独特的标识、营销资料和房产投资信息等进行企业的商业投资宣传，让品牌衍生出更大价值。

3. 衍生业务

门店可以利用现有资源，开展金融、保险、装修、搬家等业务，为客户提供更多选择。

小节作业

思考并回答下列问题。

1. 你或你公司的经纪人是否从事商业投资？如果是，如何利用特殊标识扩大市场份额？

_____

_____

_____

2. 你的店面能否获得这种客户的特别指定？如果是，如何利用这一指定获得更多的房源委托？

_____

_____

_____

3. 如何利用全国促销 / 赞助，以帮助你开发客户和进行招聘？

_____

_____

_____

6.3 如何利用网络做好营销推广

远离网络平台的营销，在当今这个时代几乎是不可能的。在房地产销售的策略规划和具体操作中，从管理者到经纪人都应学习利用电商渠道，将互联网的力量注入营销推广中。

6.3.1 网络营销平台的优劣势及选择

20 年来，随着电子商务、移动互联网等概念的不断普及，二手房营销行业逐步意识到互联网的商业价值。经过不断发展，二手房营销目前主要应用以下 3 种网络营销平台。

1.Web 1.0 平台

21 世纪初期，网页广告是二手房网络营销的重要途径。在这一时期，出现了搜房网、焦点网等专业性的房地产网站，以及新浪、搜狐等大型门户网站的房地产频道和地方门户网站的相关频道、论坛等。

这一类平台的优势在于发布成本较低、受众数量大、推广信息的制作和传播较为简单直接。但其劣势也同样明显，例如缺乏对应甄别挑选客户的方式、无法保证精准传播、难以跨越时空限制等。

2.Web 2.0 平台

2010 年之后，房地产网络营销平台开始转入 2.0 时代，以论坛、博客、微博、微信为代表，这些社交媒体网络平台成为新的营销平台。这些平台的优势在于其网络传播是交互的和全方位的，营销者与受众之间能够相互交流和影响，受众的参与意识被大大激发。

同时，社交媒体平台还能跨越时空限制，以关注的形式对受众加以区分，从中筛选出精准客户。其劣势在于，这些平台的营销模式已经相当成熟，房地产中介企业如果单纯依赖它们，会付出相当高的成本。

3.电商平台

2012 年之后，房地产网络营销开始进入 Web 3.0 的电商时代。房地产销售企业不再只是将网络视为传统意义上的媒体，而是努力寻求立体的营销渠道，与微信、微博、论坛、中介网站等联手，打造线上线下全面整合的营销渠道。

6.3.2 微信营销策略与技巧

自 2011 年 1 月微信诞生以来，其市场占有率一路飙升，现已成为社会不可或缺的工作、生活与营销工具。房地产营销企业把微信作为新型营销工具，通过推荐扫码、附近的人、朋友圈、公众号和转发有奖等方式，不断为企业营销注入新的活力。

1.签名

微信用户的签名能够随时改变内容，房地产营销企业可将简短有力的广告语或产品信息统一输入经纪人的签名中。当其他微信用户使用"附近的人"这一功能时，企业想要表达的内容就会得到传播。如果对方有购房或售房意愿，就会通过微信进一步了解。

2.二维码

二维码是 O2O（线上线下一体化）商务模式的重要入口。房地产营销企业通过官网或其他服务型的网络平台建立网上商城，用以介绍自身产品、宣传自身形象。为了吸引用户访问网上商城，还可以通过线下优惠活动或宣传推广，促使目标用户扫描二维码。企业在获得更多关注的同时，也能收集更多用户资料。

3. 口碑营销

通过微信的群聊、朋友圈、公众号，企业可以将服务过程中的亮点编辑成图文进行传播，并利用有奖转发形式，提高新老客户参与活动的积极性。这样，企业就能通过微信树立良好的品牌形象，实现口碑营销。

6.3.3　APP 营销策略及技巧

与其他企业相似，二手房营销行业在移动互联网的浪潮中也面临着转型升级的任务。企业需要定制开发符合本行业实际发展情况的 APP，并结合客户的消费习惯，利用移动端优势，建立新的营销竞争策略。

一般而言，企业在开发 APP 时需要结合自身业务，并注意以下功能的定制。

①房产介绍。让购房者能够通过手机软件，以图文的方式了解房产的特色、优势等重要信息。

②周边配套。利用 APP 开发中的 LBS（基于位置的定位）功能，帮助用户直观了解楼盘所处的地理位置和周边的交通情况。

③物业介绍。让使用者在购买之前，就能了解房源的物业相关信息。

④优惠活动。利用软件的推送功能，确保企业的各种优惠活动信息能够第一时间推送到用户手机中。

⑤信息分享。APP 应具有完备的接口，能够让购买者和企业、购买者和购买者之间进行交流互动，在 APP 平台、微信、QQ 上分享房产信息。

⑥预约功能。APP 应具有在线预约功能，客户可以直接通过 APP，向经纪人留言后预约看房等业务。

⑦线上看房。如果成本允许，可以在 APP 等移动渠道为客户提供全景看

房服务，包括 VR（虚拟现实）看房、360°看房、短视频看房等。这样能够方便客户初步挑选房子，节约他们线下看房的时间成本。

⑧房地产费用核算模板。运用内置的运算功能，可以核算相关房地产的全款与首付、月付、利息等费用。这样，客户能够充分了解自身的资金状态是否满足购房首付和后续还贷要求。

当然，上述功能并非全部都要在 APP 中实现，企业应根据自身需要进行定制，以个性化的 APP 内容去为客户服务。

不过，随着房地产企业纷纷推出自己的 APP，如何提高 APP 的下载量、用户活跃度和转化率开始成为企业营销人员所关注的问题。想要解决这些问题，ASO（应用商店优化）是最主要的方法。

1. 应用分析

在设计和开发出 APP 之后，需要围绕该 APP 设计营销方案。为此，应该明确用户画像，确定 APP 的推广目标。每个 APP 产品都应有匹配的用户画像，包括用户的基本数据，如地域、职业、年龄、性别、兴趣、消费习惯、收入水平等。这些数据确定之后，企业才能找到合适的渠道去投放 APP。

2. 应用商店的推广

一般而言，应用商店的推广包括 3 个步骤：首先是提升 APP 下载量；其次是优化产品质量，即通过下载量、评论激活、留存来降低产品 CPM（千人成本）；最后是关键词优化，可以通过搜索引导和数据优化的方式提升关键词搜索排名。

3. 数据分析和优化策略

为了分析不同渠道的投放效果，确保用户质量，企业营销团队与开发团队应及时根据现有的推广效果优化下一阶段的方案。此时，优化重点应集中在制订详细的工作计划，并在每天的推广工作中不断收集并更新数据、审核用户质量，同时根据市场变化与竞争对手的行动，对推广目标和经费预算进行调整，增加优秀的推广形式，删除不良的推广渠道，让推广方案不断适应变化，发挥积极作用。

6.3.4　直播及短视频营销策略与技巧

目前，直播和短视频作为重要的营销渠道，已被运用在房地产销售中。随着传播技术的成熟、发布平台的增多，消费者的需求越来越多，直播和短视频的营销已经逐步结束了单纯录制房源产品的时代，专业人士和技术逐步进入直播营销领域，房地产短视频营销的竞争日渐激烈。

对于房地产营销来说，直播和短视频能够让客户直观方便地了解产品，也能让产品具有更高的真实度和可信度，但绝非在社区或门店内架个手机进行直播那么简单。新的营销方式需要策划和设计新思路。

1. 以软性故事让短视频内容更丰富

短视频内容不能只是介绍房源产品。房地产市场的消费者往往具有相当强的购买力，他们对传统的营销方式感到枯燥单一，更喜欢软性的、能够引起内心共鸣的情感营销和故事化营销。当受众喜欢上了房地产经纪人的故事，无形中就认同了经纪人所传达的价值观，对产品和品牌就会产生更深刻的认同感。

2. 利用直播打造体验感

相比讲述故事的短视频，直播能够实时和用户进行交流反馈，让客户和经纪人在有限的直播时段内高度连接，客户的情感体验将更加强烈。利用互动，房地产经纪人能够让客户体验身临其境的感觉，并让直播发挥最大的功用。尤其是房源周边环境、配套设施的细节，现场互动的效果可能会超过预期，直接提升客户的体验。

3. 引入专业人员

由于互联网行业分工不断细化，更加突出了专业的重要性。短视频等专业内容的生产离不开多个领域专业知识的交叉融合。例如，在技术层面上，短视频的剪辑、优化都需要专业团队。而直播节目如果缺乏专业的策划，也难以使观众认同所呈现的内容，无法通过口碑传播的方式让直播节目产生最大的营销效果。为此，房地产营销企业应懂得和专业团队合作，对内容进行精雕细琢，在客户面前树立更好的品牌形象。

6.3.5　论坛营销策略与技巧

房地产销售企业的论坛营销是指企业利用论坛这一网络交流平台，通过文字、图片、视频等方式发布产品与服务的信息，帮助目标客户更为深刻地了解相关产品与服务，最终达到宣传企业品牌并加深市场认知度的目的。

房地产论坛营销的模式主要有两种：第三方论坛营销和自建论坛营销。以第三方论坛营销为例，营销团队需要按照以下步骤操作。

1. 选择合适的论坛

企业可以选择有大量潜在客户存在的论坛进行注册并发帖。论坛的人气较旺，同时具备方便易操作的签名、链接和修改功能。

2. 打造软文

直接在论坛发广告只会以失败而告终，必须将营销内容打造成为软文进行发布。首先，要为软文起一个具有吸引力的标题，能够激发受众的好奇心，可以带来大量的点击率与回复率；其次，软文内容应具有一定的争议性，可以引起受众的讨论与随后的持续关注。为此，企业可以抓住时事热点，包括时事新闻、重要人物、经济动态、热门帖子等，并将相关软文包装成与这些热点相关的内容，进行隐性宣传。

在设计帖子的过程中，营销团队应注意将较长的内容划分为多个帖子，以跟帖的形式不断发布，每隔一段时间进行自我回帖，这样就会让受众有继续关注的欲望，形成内容的持续输出。

3. 利用论坛功能

营销团队应设计专门的头像和签名，并在签名中加入本企业产品与服务的介绍和链接，借以引发关注、宣传品牌。

企业在论坛上发布了软文帖子后，还要积极注意网友的留言。针对其中能够引发争议的内容，第一时间回复留言，让互动变得充分、激烈，这样才能吸引更多网友的注意力，营销推广也就能得以继续扩大。

6.4　做好个人营销推广的五大关键

在很多情况下，房地产经纪人个人的营销推广水平就代表了整个企业的产品与服务价值。因此，企业必须做好个人营销的准备与部署工作。

6.4.1　如何塑造个人形象

面对商业营销，很多客户并没有太多耐心和注意力来了解。很多时候，他们对产品、品牌的感受和认知都是通过短暂的个人接触来获取的。因此，塑造个人形象对营销成绩的提升至关重要。

1. 心理素质与职业精神

良好的个人形象得益于良好的心理素质。房地产经纪人应具备自知、自信、自尊、自爱、乐观开朗、坚忍奋进的心理特征，有着豁达的性格、深厚的底蕴，这样才能表现为具备吸引力的外在面貌和行为。

体现在工作上，经纪人是房地产销售企业和客户之间沟通联系的桥梁，是企业文化和房源产品传播的窗口，肩负着不断获取新客户、维系老客户的重任。

因此，经纪人必须热爱本职工作，拥有积极进取的敬业精神。同时，经纪人还应具备良好的职业道德素质，例如守法经营、恪守信用、尽职尽责、团结合作等。这些都是经纪人成功营造个人形象的基础。

2. 仪表形象

端庄的仪表形象会给客户以信任感与专业感。因此，经纪人必须明确改变思维：穿着打扮的第一目的不是为了自己舒服，而是为了打造出自己与企业需要的、有利于营销成功的形象。

3. 行为形象

经纪人在工作中的行为很大程度上构成了企业的形象，因此，管理者必须对其行为进行统一的培训。

例如，当客户主动向经纪人递出名片时，经纪人要面带微笑，双手接过名片并说"谢谢"。随后，在短时间内浏览名片上的公司名称、客户姓名和职务。看完后，可将名片放在上衣口袋或随身携带的笔记本、公文包中。

通过培训，经纪人还应熟悉递出名片的行为礼节，包括先检查是否随身携带了名片夹，并主动向客户递出名片。

经纪人最具有吸引力的行为在于亲切友善、诚挚热情的微笑，能够传递出对客户的热情，这种形象能够打破与客户之间的交流障碍，让客户做出购买决定。即使客户没有购买，也会对经纪人和企业品牌产生信任和难忘的印象。

6.4.2　如何利用好制式工具

制式工具是指企业统一向员工或客户提供的用品。利用制式工具，可以大幅度提高客户好感、强化客户对企业的记忆，提升营销效果。

制式工具主要分为两类：为经纪人使用和用于赠送客户。

1. 为经纪人使用

（1）经纪人文件夹。其中包括商品广告、法律文书、统计表格等，内容越丰富越具有说服力。同时，企业还应对经纪人进行培训，确保他们会使用这些工具。

（2）笔记本和笔。采用统一制作的笔记本和笔，既能够在使用时展现企业的形象、给客户留下深刻印象，也便于员工之间的协同工作。当然，要尽可能对笔记本进行分类管理和配备。

（3）必备工具。例如背包、胸牌、通信工具、测量工具、计算工具等，这些工具可以使用一致的款型，或者统一张贴公司的 LOGO 等。

图 6.4-1 所示为 21 世纪不动产公司的部分制式工具。

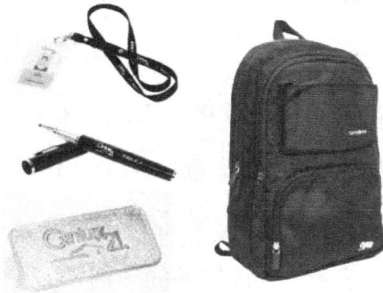

图 6.4-1　21 世纪不动产公司的部分制式工具

2. 用于赠送客户

能够赠送客户的礼品种类有很多，包括运动器具、桌面摆件、纪念画册等。这些礼品都应具有相同的款式和专属 LOGO，并由经纪人亲自向客户赠送，这样既能够加深双方感情，也能够帮助客户记忆和传播企业的品牌，将礼品变为承载营销锁链的实物。

6.4.3　如何提升个人资历

经纪人的个人资历越坚实深厚，他们在个人营销中取得领先位置的机会就越大。管理者不仅应致力于鼓励员工积累工作经验，更要帮助他们找准资源整合的道路，迅速提升个人在职场上的资历。

提升个人资历，主要包括以下几大要点。

1. 从业资质

房地产经纪人的从业资质主要指从事房地产经纪活动的相关资格证书，如房地产经纪人协理执业资格、房地产经纪人执业资格等。企业员工要从协理资格开始，通过相关资格考试，取得执业资格证书，完成从业资质的基础准备工作。

2. 从业信誉

从业信誉是指企业经纪人从业以来积累的所有客户评价与衍生口碑，包括口头评价、书面评价、网络评价等方面的记录。正是这些有形的记录构成了无形但可感知与评价的员工个人信誉。企业管理者应引导并帮助员工有意识地管理从业信誉，珍视信誉的积累，发挥信誉的作用，以吸引新客户、促成新交易。

3. 从业年限

除了员工个人对从业年限的记录、资料的整理外，企业也应结合对员工工作档案的管理，将经纪人队伍按照从业年限进行划分管理。在每一年开始和结束时，以物质和精神激励提醒员工从业年限的增长，并帮助他们计算从业以来的成交量、成交均价等，以期帮助他们达到更高的努力目标，获得更多的资源。

4. 从业技能

利用日常培训，传授员工相关的从业技能，包括房地产知识、市场知识、销售技能、营销策划管理能力等。此外，经纪人在工作中应积极运用这些技能，在获得良好业绩的同时，还能得到充分的经验积累，提高个人的职业素养。

6.4.4　如何提升服务意识

没有足够的服务意识，经纪人的眼光将会始终停留在个人的收益上，很难超脱狭小的眼前利益而形成高远的观察和思维体系，也极有可能在营销事业的瓶颈前止步。

下面这些工作原则，是形成个人营销服务意识的重点。

1. 学会换位思考

作为个人营销者，经纪人在谈话时要随时观察对方的面部表情和态度，并根据观察结果思考"对方是否对这个话题感兴趣""我的话是否会让对方不愉快"等，通过设身处地地为客户着想，了解他们的态度和观点。这样，经纪人可以得到客户的理解，并更为清楚全面地了解客户的思想轨迹，把握其中的关键点，从而在营销中迅速建立信任关系，做到有的放矢。

2. 重视承诺

经纪人向客户提供的所有服务都可以看成承诺及兑现。想要让服务意识得到充分体现，就要学会重视承诺。

重视承诺的原则包括：少承诺、多兑现，坚持说到做到。

首先，对客户的要求应适度承诺。在沟通过程中，如果客户提出了合理的要求，经纪人确保自己能够通过努力满足其要求，而做出承诺也有利于促进交易实现时，就可以做出承诺。

其次，在承诺时，经纪人应表现出真诚的态度，语气也应坚定，不能吞吞吐吐，也不能唯唯诺诺。如果在承诺过程中表现得不够真诚，客户就会对你承诺的内容产生怀疑，进而产生不满。

再次，如果已经确定客户的某些需求无法满足，就不应轻易做出承诺，避免因为无法履行而失信于人。可以采用其他迂回沟通手段，淡化客户的相关需求；如果始终无法让客户改变要求，宁可失去交易，也不能失去基本的诚信。失去交易会带来一时的损失，但如果失去信誉，就会带来个人形象的长远损失。

最后，若客户提出的某些要求相对合理，但经纪人不太确定是否能够满足，就应该谨慎对待。既不能一口回绝，导致对方严重不满；也不能不假思索地应承，导致最终无法实现而造成失信后果。经纪人可采取谨慎承诺的原则，做出带有一定附加条件的承诺。

3. 保持沟通方式的多样性、提高完成委托任务的意志

经纪人要注意与客户保持沟通方式的多样性。沟通方式包括语言沟通、实物沟通、文本沟通和网络沟通，利用不同方式组成立体的沟通网络，让客户所见、所闻、所接触的都是企业品牌和产品的价值与文化，并始终感受到经纪人的影响。

营销中的沟通内容与目的最重要。因此，经纪人不应忘记沟通的意义在于服务，沟通理念必须有相对的稳定性和长期性。否则，与客户的沟通就会缺乏聚焦，难以产生应有的效果。

服务意识同样体现在经纪人的意志上。作为房地产销售中介，完成客户的委托是对个人意志的考验与磨砺。要做好销售，就要具备足够坚定的意志，去提供客户想要的服务，迎接不同的挑战。在这个过程中，经纪人应秉持对客户负责的态度，不断坚持下去。

4. 形成良好的书面作业习惯

为了追寻优秀的服务结果，经纪人应形成良好的书面作业习惯，即随时搜集、记录和整理相关的书面材料，以便与客户沟通讨论时有具体的凭据，能够将更真实的市场情况反映给对方，并帮助他们明确真实的需求。

6.4.5　如何积累并转化客户

个人营销的成功离不开客户的积累与转化。无论从何种角度来看，客户数量的提高都意味着个人与团队成功概率的提升。

在积累并转化客户的循环过程中，下面几个要点是经纪人要把握的。

1.建立客户数据库

目前，单纯将客户数据库作为营销线索或联系名单，已经很难满足市场变化所产生的需求。经纪人必须通过对客户数据库的建立和管理，获取高质量的线索。

在建立客户数据库时，应坚持分类策略，根据个人营销活动所期望达成的目标创建管理法则。同时，根据和客户沟通的结果，例如"打算什么时候入住新房？"的答案等，将他们划分到销售漏斗的不同位置中，形成细分数据库。这样的数据库能够帮助经纪人更为高效地使用营销资源，实现信息的精准推送。

此外，经纪人还可以将不同的个人信息提取出来，作为不同的分类依据。例如，你可以从家庭地址所在区域中推测出客户的许多特征，包括收入水平、生活阶段，甚至感兴趣的房型等。

2.建立客户跟踪记录

建立良好的客户跟踪记录，其前提在于制订跟进规则，包括每天要积累多少新客户、评价客户质量的标准、第一次联系应该说什么、要弄清楚客户的哪些情况等。同时还应制订与潜在客户、意向客户、成交客户保持联系的频率，投入的成本，联系的内容等。还要记录沟通情况等。

根据已有的规则跟进客户时，无论客户是否流露出意向，都应该迅速将情况记录下来。为此，经纪人需要常备记录碎片化信息的笔记本，对跟进客户的任何有效信息都应随时捕捉与记录，并定时归纳和总结，这样才能将不太有用的碎片化信息变成真正的资源。定期浏览和整理跟进记录，能够帮助你发现意向客户，而不是永远停留于发掘潜在客户的阶段。

3.坚持沟通联络

营销成功的关键在于坚持，能够做到比竞争对手更为频繁地和客户沟通，使用更多的沟通手段，就有更大可能让客户对你产生好感。

即使在成交之后，经纪人依然要做好相关服务，提高客户的满意度和忠诚度。

客户处于不同阶段时，其需求也不同。只有通过沟通，才能了解客户不同阶段的不同需求，并在进一步沟通中予以满足，从而提高客户的保留率和推荐率。

在沟通联络中，有两方面内容能给客户留下深刻印象：一是请求客户予以协助，包括提供信息等资源、买卖双方面谈、交流想法、完成手续等；二是积极向客户回馈信息，包括解决疑问、通报进度等。这些内容往往都是与客户切身利益相关的，在沟通中给予充分重视，能赢得客户对经纪人能力与态度的充分认可。

6.5 营销战略的六大实施要点

营销战略的实施是整体作战，需要调动从团队到个人各方面、各环节的资源与积极性，其实施要点如图 6.5-1 所示。

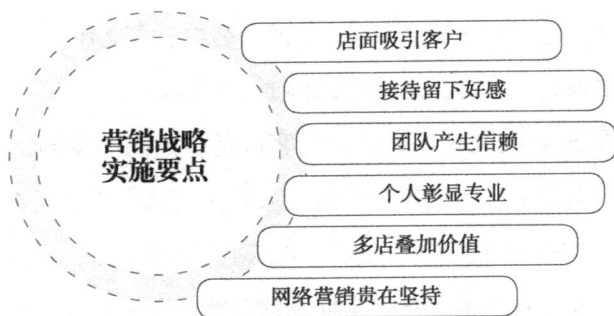

图 6.5-1 营销战略实施要点

6.5.1 店面吸引客户

有吸引力的、专业的店面形象能够让企业在竞争中领先一步。除了门店的选址、建筑、陈设、功能等硬件外，店面能否吸引客户，还取决于其软件资源。

1. 店长

店长不仅是业务专家，更是优秀的管理者，他们必须具备敏锐的嗅觉和出色的协调能力，带领团队进行有效开发、获取客户，进而成交。店长还应具备强大的执行力，能够充分了解员工，懂得处理各种不同情况，适时激励员工，妥善处理不同事件和矛盾。

2. 良好的门店文化

客户是否能够被门店吸引，与门店员工展示的工作态度紧密相关，而员工工作态度，则和门店的文化密不可分。整洁的店面、大方得体的服装、礼貌的语言，不仅能够吸引客户，也能够展示出团队的精神面貌。努力建设员工之间的和谐氛围、提倡人与人的诚信相待，会让房地产经纪人和客户之间充分信任，实现交易的成功。

3. 有力的吸引点

从短期看，将最有特色的产品信息、宣传放在门店最显眼的位置，就能形成有力的吸引点。例如将性价比最高的"热门"房源信息以特大号字体张贴到店门外可见的公告栏、橱窗上，可以按照一居、两居、三居的顺序，也可以按照租赁和买卖来区分，这样就能引导对此关注的客户进店询问了解。

从长期看，好的口碑能够让门店的整体形象达到新高度。通过围绕每一个客户做好服务、让客户不断进行口碑传播、带动新客户进入门店，就能保持源源不断的吸引力。

6.5.2 接待留下好感

完善的店面形象对客户是一种无言的吸引。当客户来店之后，友善地接待他们并让他们产生好感，门店的形象就会进一步在客户心中建立起来。

员工的接待行为应符合礼仪标准，包括以下几个方面。

1. 店内接待

员工提前侧身为客户打开店门并指引进店，第一时间和客户打招呼"您好，欢迎"并邀请入座。随后为客户倒水并递上名片，递出名片时，以微鞠躬的姿势双手递上。

2. 店外接待

当经纪人或店长看到客户在店门口驻足观看宣传资料时，应该主动出门微笑接待，并携带资料和名片等营销工具。在介绍橱窗展示的房源时，应语调清晰、语气温和、面带微笑。如果客户表示只是想打听一下，就应该尽快为客户介绍企业和自己，并邀请他们有时间时到店详谈，尽量留下客户的联系方式。

3. 电话接待

电话铃响三声内必须有员工接听，意外情况下超时接听应向来电方表示歉意。在接打电话时，应语气温和，并随时记录客户的来电信息，对电话号码、约定日期、时间等关键信息在记录后应加以确认。如果在和客户通话过程中，需要时间去查询资料或遇到网络不畅等情况，应主动向客户说声"不好意思，请稍等"。通话完毕前，要以礼貌用语道别。

6.5.3　团队产生信赖

打造优秀团结的团队，是房地产门店最紧要的任务。组建出优秀的团队，让更多的员工愿意为门店出力，门店的营销才能成功。

使用下面几种方法，对打造强大团队会有明显的帮助。

1. 了解员工的真实需求

不同的人有不同的价值观和目标，门店经理如果能够对不同员工的需求尽可能予以满足，团队整体展现出来的精神面貌和服务水平就可以让客户产生充分的信赖。

因此，管理者平时就应该多和员工交流，随时听取员工的意见，了解他们需要什么。这样的态度能够让员工产生感激之情，并保持团队的一致性。

2. 公平管理团队

门店经理不公平的管理行为会直接影响员工对团队的归属感，并由此导致团队不再为客户所信任。因此，在面对团队的内部事务时，管理者要保持态度和决策的一致性，不能因为亲疏远近而破坏公平性。

3. 强化信用考察

团队是由个人构成的，强化对员工信用的考察，是提升团队信赖感的基础内容。一旦员工个人失信，对内会影响员工之间的关系与合作，对外则可能影响整个团队的业绩、口碑和形象。在日常管理中，门店经理务必强化对每位员工的信誉考察，提醒他们随时关注个人信誉，从而保证团队正常有序地运营。

4. 打造互补效应

提高团队的凝聚力，可以有效弥补由于员工的个人失误而给客户造成的损失，并能够做到在为客户的服务过程中锦上添花。这要求门店经理积极发现团队中每个人的能力、经验和背景优势，将合适的人放到合适的位置，尽量让他们从事自己擅长和喜爱的事情。同时，还要向员工强调工作中及时补位的重要性，提升他们协作共赢的意识，从而最大化整合团队力量，在集体荣誉感和团队归属感的感染下赢得客户充分的信任。

6.5.4　个人彰显专业

房地产经纪人的专业能力是工作中必不可少的技能，也是成交能力的体现。经纪人通过个人的工作表现，彰显出集体的专业水准，能对所有可能成交的客户产生强大吸引力。

经纪人的个人专业性，主要表现在图 6.5-2 所示的几个方面。

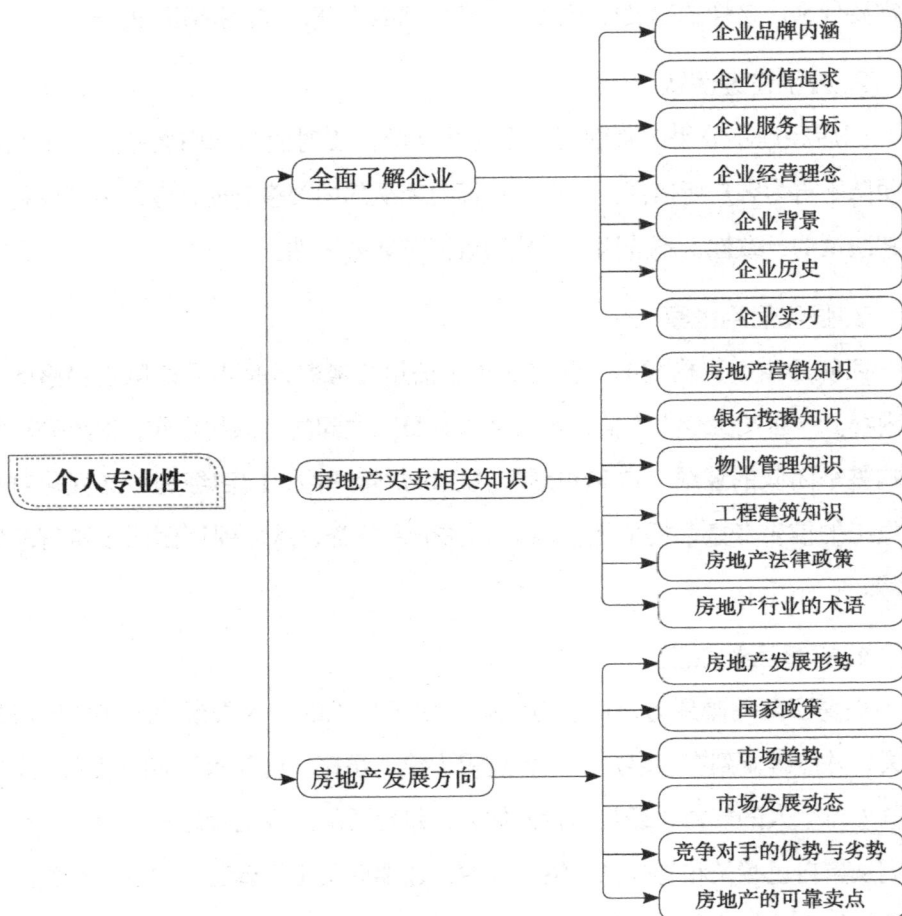

图 6.5-2　经纪人的个人专业性

除了图 6.5-2 所示的几个方面外，房地产经纪人还应了解不同年龄层、不同需求的客户分别有怎样的购买心理，并根据其心理特征，找到与客户的共鸣点。这样的能力可以帮助个人和团队迅速了解客户需求、发现成交时机。

6.5.5　多店叠加价值

通过多门店系统的建立和运营，房地产中介企业能够利用总公司管辖下的众多门店及雄厚的资本，进行大量的业务扩张，为营销战略带来充分的竞争力。

多门店叠加产生的价值体现在以下几个方面。

1. 所有权、管理权的集中统一

多家门店均由相同或相关的经营资本构成，不同门店之间以资本为主要的连接纽带，所有门店属于同一个企业或组织，由同一个投资主体投资，各分店不具有法人资格。在此基础上，所有权、经营权和监督权完全集中在企业总部，由总部根据统一的战略规划负责对各个门店人事、财务、投资、招聘、信息、业务等方面进行管理，门店的具体业务工作也应按照总部的指导开展。

由于所有权和管理权的高度统一，各门店的财务和管理制度、责任制度、激励制度都能如出一辙，以此保证企业总部与各门店的统一运营，形成强大的品牌形象号召力和竞争力。

2. 标准化产品和服务

采取多店叠加的经营模式对营销战略产生的最大好处在于标准化。每个门店使用同样的 LOGO，经纪人身穿同样的制服，门店经理采用同样的管理模式……这样，无论客户选择在哪个门店购买，其所获得的服务都是一样的。换言之，客户只需要体验过其中一家门店，就会知道整个企业其他门店的整体形象，从而认可企业品牌的整体价值。

3. 价格透明化

在多店叠加的营销模式中，企业采取纵向式的管理办法，即每个门店由企业直接管理。这样，每个门店的获利方法和促销方案都是相同的，客户无论选择哪个门店，面对的都是同样的收费标准和服务，直接避免了由于价格或服务质量而引发的矛盾。

6.5.6　网络营销贵在坚持

互联网的强大早已得到房地产中介行业的公认，众多相关企业也纷纷开展网络营销活动。但是，有多少企业能够在网络营销战略的运用中实现盈利？有多少企业在盈利不佳的情况下依然坚持开展网络营销？网络营销贵在坚持，而懂得如何坚持，则比坚持本身更为重要。

一般而言，房地产中介企业不能只依靠一两种网络营销方法，尤其不能过度依赖搜索竞标、网络显示广告这类手段，这些手段花费成本较高，也缺乏稳定性，不利于长远坚持。实践中，一些房地产营销团队选择平台竞价、邮件营销等方式，即使坚持很久，营销效果也不明显，反而陷入了困境——放弃感觉惋惜，坚持又难以负担……

想要通过坚持让网络营销手段发挥作用，企业需要注意以下战略部署。

1. 坚持发布信息

信息发布既是网络营销的基本职能，也是实用的操作手段。通过每天、每周、每月坚持发布对客户有用的信息，潜移默化地吸引客户，从而充分发挥网络媒体的作用。

2. 个性化网络营销

个性化网络营销的方法包括：为客户定制感兴趣的信息内容、由客户选择自己喜欢的信息推送时间和方式等。企业坚持对每一类客户都进行个性化网络营销服务，可以轻松了解客户的个人信息和购买倾向，同时要积极改善客户关系、培养客户忠诚度，使客户能够长期被企业品牌所吸引。

3. 坚持数据分析

企业应安排员工定期对网站数据进行整理分析，重点包括 IP（网际协议地址）、PV（页面浏览量）、跳出率、外链数量、收录量、内外链比例等。只有将这项工作长期坚持下去，企业才能逐渐了解网络营销的动向，而不是盲目追求表面的流量和点击率。

4. 坚持创新方法

企业不应墨守成规，而是要不断追求创新的网络营销思路。推广渠道的选择不仅应追求转发数量，还应追求质量和精准度，设法提高客户的转化率。如果仅仅满足于既有的方法，就谈不上任何改变，营销效果也难以提高。

第 **7** 章

商业计划：
做好房地产门店商业计划的策略

7.1 商业计划的基础与思维

商业计划是指房地产中介企业根据对外部市场环境与内部组织条件的分析，提出在未来一定时期内所要达成的目标及其实现方法和途径。商业计划让企业的战略规划与组织行动变得高效而有序。用文字与指标等形式去表述行动的方向、内容和方式，管理者对自身和员工的事务安排将会更加科学合理。

7.1.1 做好商业计划的"6 个假设"与"4 个原理"

做好商业计划，需要重视以下"6 个假设"与"4 个原理"。

"6 个假设"分别如下。

1. 你不满现状

只有对企业和自身现状存在不满，管理者才能制定出需要努力实现的目标。反之，如果管理者眼中关于经营的一切都十分顺利，即使他们制订出了看似完善的计划，也缺乏真实的指导意义。

2. 你有足够的不满并想要去改变

浮光掠影式的不满可能只是管理者或经纪人一时的情绪发泄，而不能转化为商业计划的基础。真正有意义的不满，应该是发自内心对营销事业的焦虑。这种焦虑来自对现有诸多问题的归纳与总结，并将由此产生强烈的改变动力。

管理者必须拥有这样的动力，才能带着改变的期待去制订新的商业计划。

3. 你拥有足够的信心

诚然，计划内容影响执行结果，但拥有足够的信心是重要的基础。管理者在制订计划时，只有坚信计划能让团队得到更多收益，才会带着积极的态度去看待、制订与修改计划，并确保计划按步骤实施。

4. 你愿意坚守纪律、忍耐痛苦

推出一款新的商业计划意味着对组织行为的更新迭代，同时也意味着对原有战略规划、营销组织乃至企业文化的创新变革。没有坚定的执行，就很难看到计划的成功。为此，管理者必须坚守纪律，在压力与阻挠面前不为所动，同时还要忍耐变革带来的种种痛苦。

5. 你具有充足的危机感

在制订和执行计划之前，你要清楚：什么都不做，只会让情况越来越糟糕。怀着这样的危机感去审视计划，管理者会将之看作拯救企业的唯一途径，并因此凸显其重要的价值。

6. 你热爱工作

最后，你必须真正热爱房地产销售与管理工作，而不只是为了名利去随意地炮制计划。热爱会让你从股东、客户、下属、竞争者等不同角度，反复研判计划带来的可能。

关于商业计划的"4 个原理"如下所示。

1. 没有远景规划，个人和企业都会失败

远景规划包含三大要素：方向和目标、约束和制度、计划和指标。

管理者在设立方向和目标时，会自然地加入个人价值观与抱负，但他必须考虑组织特点、外部环境、自身特长和所有下属。因此，方向和目标并非某个人的愿望，而是代表了个人和企业的综合利益。

同样，约束和制度也是帮助管理者找到内外环境与组织资源之间平衡点的桥梁。想要制订优秀的计划，就要通过其规划最大限度地发挥每个员工的长处，实现组织的目标，而约束与制度恰恰符合这一点。

最后，计划和指标关乎每个人近期的工作任务，虽然是短期工作，但却

足以通过个人的努力，实现组织的长远发展。

2. 远景必须转化为战略

企业的远景描述了组织希望达到的愿景、奋斗的目标，而战略则是为了实现总体目标所做出的长期性、全局性的指导纲领。

战略包括了经营范围的原则、为经营范围服务的优势、战略推移与实践运用策略，以及所追求的具体目标结果。相比之下，战略比远景更为直接、全面，具有可执行性。因此，管理者不能只通过远景来为商业计划做指导，必须将远景转化为可用的战略，向下属描述出通往远景目标的道路。

3. 可用的战略必须转化为行动计划

战略部署更多是从宏观意义上指导企业的成长，要让整个团队在日常工作中明确工作的标准和方向，还需将战略转化为行动计划。

行动计划从属于企业战略，但更关注实际的解决方案，尤其关注企业在市场中的业务发展方向，以便实现具体的既定目标。同时，行动计划还包括制订一段时间内必须执行的任务和活动，以便将战略顺利推进。因此，行动计划更多与产品和市场直接发生关系。

在将战略转化为计划的过程中，管理者应该先做好市场分析，包括建立评估流程、进行市场的细化分析、制定发展战略。随后，要设定具体的计划目标，这一目标应当在了解市场过程中针对问题而设定，以便让企业的整体战略和远景规划一致，并能符合当下的实际情况。最后，企业还应围绕年度计划、盈利能力、效率管理等核心内容打造行动计划。

4. 成长的量化

检验商业计划是否取得成功的重要标准在于企业成长的程度。真正的成长在市场份额和利润率方面是可见并可衡量的。这意味着管理者必须在计划推进一段时间后，就积极对市场份额与利润率进行量化评估，以数字来检验计划的推进效果。

小节作业

    1. 你的企业具有怎样的远景？

_____

_____

_____

    2. 企业目前在市场份额和利润率上的量化表现如何？是否完成了既定的计划？

_____

_____

_____

7.1.2　利润是计划出来的

    企业的发展自有其规律。房地产销售企业的管理者要结合商业计划的建构和执行，明确组织所处阶段，并以利润来衡量。

    对利润的看法决定了管理者如何看待商业计划。从战略角度来看，利润的多少应当有预先计划，而不能将其看作是运营过程之后所"剩下的"。如果利润总是被看作财务报表的"最后一栏"，而不是作为计划的指向目标，那就会导致经营行动的不稳定，进一步导致利润的流失。

    图 7.1-1 和图 7.1-2 分别体现了利润与商业计划中其他要素的紧密联系和相互关系。其中 I 为收入目标，即某时段佣金收入目标；F 为固定成本，即某时段固定成本费用；P 为利润，即某时段利润目标；V（变动成本）÷I（收入目标）则为出佣率；P（利润）÷I（收入目标）为利润率。

$$I = \frac{P+F}{(1 - V \div I)}$$

图 7.1-1　利润与商业计划中其他要素的紧密联系和相互关系（1）

$$I = \frac{F}{(1 - V \div I - P \div I)}$$

图 7.1-2　利润与商业计划中其他要素的紧密联系和相互关系（2）

除了牢记上述公式外，在围绕利润制订计划时，企业管理者还要注意以下 4 项原则。

①稳定的利润毫无例外地来自管理者对公司运营的积极计划。一旦计划中缺失了相关内容或对计划执行不到位，利润就会变得难以把控。

②定期查阅规范的财务报告、运营费用、业务报表是做出良好计划决策的关键。如果不从利润出发对运营费用、业务报表进行规范，计划决策就无法从实际出发。

③管理者要观测、理解实际情况并做出决策，最终坚决行动。对利润的认识不应只限于数字，管理者要明确利润变化的来源，追溯到市场和组织的内外因素，并利用计划来解决其中存在的问题。

④管理者既要懂得从利润出发去制订计划，也要懂得用更长远的眼光去认识组织的成长。从长远意义来看，一时的利润得失并不是最重要的，只有市场份额的增长才是企业唯一真实的成长，也是战略计划必须达成的终极目标。

根据上述原则，企业应围绕利润对日常计划进行管理，其基本要求如下。

①制订关于利润的计划，确定利润目标和为达到目标所采取的方法和措施。

②将利润指标分解落实到不同小组、不同个人，实行利润的分级管理，对指标要求进行分行，明确各个经纪人完成利润目标的职责，并制订对应的措施，确保利润目标实现。

③在利润计划的执行过程中及实施后，需要及时了解利润计划的执行与完成情况，并进行分析、考核与评价，找到实际完成与目标差异的原因所在。根据问题原因及时采取相应措施，改进运营和服务管理，不断提高盈利能力。

小节作业

思考并回答下列问题。

1. 如何把利润纳入成本（费用）管理？

_____

_____

_____

2. 统计你的门店（小组）每月固定成本为多少？

_____

_____

_____

3. 请计划出你期望达到的利润额。

_____

_____

_____

4. 为了获得该利润额，平均每月要做多少业绩？要完成多少单？

_____

_____

_____

5. 为了获得该利润额，需要多少员工？

_____

_____

_____

7.2　商业计划系统构建的 3 个要素

构建商业计划系统包括计划步骤的明确、市场分析和目标管理 3 个重要因素。

7.2.1　计划步骤

在构建商业计划系统之前，要明确构建过程的 4 个步骤。

我在哪儿、我去哪儿、我怎么去、我的承诺。

这 4 个步骤分别对应的作用为现状分析、目标设定、方法落实和过程控制，如图 7.2-1 所示。

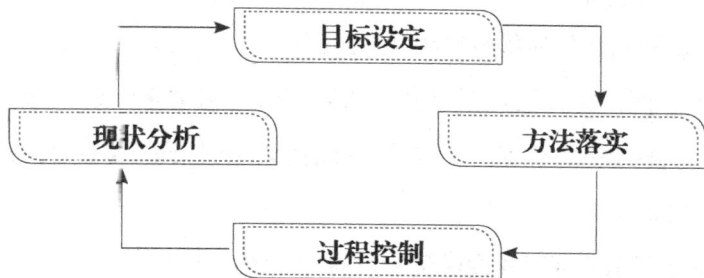

图 7.2-1　计划步骤的具体实施

1. 现状分析

管理者应对组织内外的现状进行有效分析，包括盘点目前所拥有的资源，如客户、员工、品牌效应等；了解竞争对手的优势和劣势；了解市场现有和未来的需求等。

2. 目标设定

在对现状进行有效分析的基础上进行科学合理的目标设定，管理者可详细描述出商业计划需实现的具体业绩。例如，设定每年完成的销售量、获得的利润量、人均利润率等。这些业绩应该是能够量化并分解传达到每一位员工的。

3. 方法落实

为了实现从现状到目标的跨越，管理者要在计划中列举出达成的方式方法，其中包括采用何种营销方式、如何分配任务、如何跟进管理等。管理者要确保相关方法具有充分的可执行性，且能够产生应有的效果。

4. 过程控制

这一步骤包括对员工行为和理念的具体管理、对日常业务的分配、对计划的调整与跟进等。通过对计划的过程进行持续控制，确保计划得以顺利推进。

7.2.2　市场分析

在对计划步骤进行明确后，管理者应带领门店员工明确当下所处的市场环境，进而了解团队的整体组织和管理水平。

主要的分析内容包括：了解商圈的发展情况和未来计划、总结分析己方现状、调查了解竞争态势等。对这些信息的分析应忠于客观事实，并建立在全面深入调研的基础上。

图 7.2-2 所示体现了对商圈运营发展计划的调查要点。

1. 商圈授权调研——商圈加密才有运营的力量

4.TDP 计划表——把远景分解为每月的目标和计划，真正开展联合运营

商圈运营发展

2. 网签数据分析——知道与谁竞争，才能有效竞争

3. 商圈年度经营商业计划——远景目标能帮我们知道必须做什么

图 7.2-2　商圈运营发展计划的调查要点

在充分调查了商圈和竞争态势的实际情况后，可以利用分析表的形式，形成数据为主的客观记录，分别如表 7.2-1 和表 7.2-2 所示。

表 7.2-1　商圈和竞争态势的门店调查表

大区	A公司	B公司	C公司	D公司	E公司	F公司	G公司	H公司	合计
城南△	26	23	9	7	1	6	5	10	87
城南○	29.89%	26.44%	10.34%	8.05%	1.15%	6.89%	5.75%	11.49%	100.00%
城中△	29	5	8	1	6	1	0	0	50
城中○	58.00%	10.00%	16.00%	2.00%	12.00%	2.00%	0.00%	0.00%	100.00%
东北△	27	8	7	4	7	0	2	0	55
东北○	49.09%	14.55%	12.73%	7.27%	12.73%	0.00%	3.64%	0.00%	100.00%
东南△	26	11	11	8	12	8	2	2	80
东南○	32.50%	13.75%	13.75%	10.00%	15.00%	10.00%	2.50%	2.50%	100.00%
西北△	26	13	7	5	0	4	4	2	61
西北○	43.00%	21.00%	11.00%	8.00%	0.00%	7.00%	7.00%	3.00%	100.00%
西南△	31	15	8	8	4	6	12	8	92
西南○	33.70%	16.30%	8.70%	8.70%	4.35%	6.52%	13.04%	8.70%	100.00%

注：上表门店单位为：家。带△的为门店数量，带○的为占比情况。

表 7.2-2　商圈和竞争态势的业绩调查表

大区	A公司	B公司	C公司	D公司	E公司	F公司	G公司	H公司	合计
城南△	241.8	264	51	53	2	21	25	43	700.8
城南○	34.50%	37.67%	7.28%	7.56%	0.29%	3.00%	3.57%	6.14%	100.00%
城中△	199.3	16.5	36	6	59	4	0	0	320.8
城中○	62.13%	5.14%	11.22%	1.87%	18.39%	1.25%	0.00%	0.00%	100.00%
东北△	187.6	37.8	22.6	8	23.7	0	2	0	281.7
东北○	66.60%	13.42%	8.02%	2.84%	8.41%	0.00%	0.71%	0.00%	100.00%
东南△	190.1	101	47	51.5	89	36.2	9.2	9	533
东南○	35.67%	18.95%	8.82%	9.66%	16.70%	6.79%	1.73%	1.69%	100.00%
西北△	211.6	79	25	35	0	15.3	14	7	386.9
西北○	54.69%	20.42%	6.46%	9.05%	0.00%	3.95%	3.62%	1.81%	100.00%
西南△	135.5	160.3	30.5	35	17.5	38	59	31.3	507.1
西南○	26.72%	31.61%	6.01%	6.90%	3.45%	7.49%	11.63%	6.17%	100.00%

注：上表业绩单位为：万元。带△的为业绩数量，带○的为占比情况。

此外，还可以通过填写表 7.2-3 所示的评测表，更为深入、系统地总结己方现状。

表 7.2-3　门店情况测评表

项目	内容	答案
店面的外部	装饰入时并与所在区域同步吗	
	作为一家不动产公司容易被识别吗	
	方便到达吗	
	有足够的车位吗	
	残疾人方便来吗	
店面的内部	看起来像一个"赢家"的环境吗	
	入门处是开放友好的吗	
	色彩入时吗	
	内部员工穿着整齐吗	
	视觉效果是积极的和具有激励性的吗	

续表

项目	内容	答案
工作空间	工作区足够宽敞吗	
	装备有计算机、电话吗	
	有足够的成长空间吗	
标识	从任何方向都容易识别吗	
	是否遵循当地习惯	
	由于容易识别给你带来过客户吗	
IT 基础设施	计算机数量、种类、用途	
	电话系统够用吗？线路足够吗？有语音信箱吗？有黄页吗？	
	是否有传真、E-mail、微信公众号、微博	
办公便利性工具	是否有税务报表（地产税计算表）	
	是否有容易查询的 CD/ROM 目录	
	是否有自动展示系统	
	是否有说明性展示工具包	
信息储存设备	是否有磁盘	
	是否有足够的档案文件	

7.2.3　目标管理

目标管理得益于设定与选择正确的目标，以及为此付出的所有努力。

首先，管理者所设计的目标来自以下 3 个问题的答案。

• 你公司的市场份额是多少？

• 你希望拥有多少"有产能的经纪人"？

• 你设定的目标利润率（或总产值）是多少？

其次，在对具体目标进行设定的过程中必须把握这个原则：商业计划的目标设定就是找出管理工作中的大概率事件，且明确这些事件的工作责任和相关指标。这意味着从发现房源、筛选客户、带看、洽谈到成交签约等一系列工作都应形成明确落实的责任，并以数字指标的形式分配给不同部门、不同小组的员工。这样，具体目标才能对业绩产生推动作用。

此外，还应利用"双手原理"思考与设定管理目标，其中包括"管理之手"，如招聘、培训、督导、激励、问责和商业计划；"目标之手"，如生产力、委托量、过程转化量（率）、成交量、利润（最低限额）、市场情报等内容。

小节作业

下面的习题能够帮助你更好地理解目标的设定。

1. 目标。

现在我的专职经纪人的数量：_____

我 180 天的目标是：_____

现在我的兼职经纪人的数量：_____

我 180 天的目标是：_____

我的招聘预算是：_____

我的招聘报表包括的项目有：_____

2. 计划。

（1）你的主要市场在哪里？（你的 2/3 至 4/5 业务量的来源）

_____

_____

_____

（2）你是如何知道的？

_____

_____

_____

（3）该市场中有足够的业务支撑管理者及员工的合理收入吗？

_____

_____

_____

（4）你的选择是什么？

_____

_____

_____

7.3　商业计划操作的步骤

企业中所有人围绕计划进行的思考和建构都是为了便于对商业计划进行实际操作。在操作过程中，目标的明确、方法的落实和过程的控制是最为关键的 3 个步骤。

7.3.1　目标明确与方法落实

目标的明确和方法的落实属于商业计划执行过程中相互关联且不可分割的两方面：只有明确目标，方法才能有准确的落实点；只有落实方法，才能让目标在计划执行过程中更为明确和突出。

商业计划中应该明确的目标包括以下几种。

1. 经营目标
经营目标的组成内容如图 7.3-1 所示。

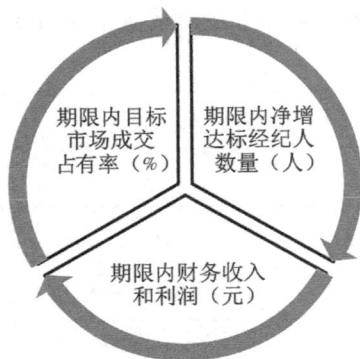

图 7.3-1　经营目标的组成内容

　　通过对市场情报的收集与分析，可以设定出年度经营目标。其具体落实方法为：对商圈市场占有率进行计算与分配，落实到不同门店主要经营的楼盘；对年末经纪人数量进行预测，并落实到不同销售小组；对年度财务收入进行规划，尤其应考虑到其对利润的影响。

2. 管理目标

　　管理目标的分解包括表 7.3-1 所示的内容。

表 7.3-1　管理目标的分解

产能经纪人保有及新增目标设置	新增转正经纪人数量 新人入职数量	招聘电话数 面试人数 试工人数
房源委托量 客户委托量	房源渗透率及报盘率 有效房源及客户流通量	培训次数及时长 专题会议次数
过程转化率	客户带看率 带看成交率 房源、客户成交率	房源、客源、带看回访率
签单数量	成交房源缺失量 成交客户损失量 产能经纪人流失量	服务质量调查次数 老客户维护次数 员工满意度调查次数
最低产能（绩效）标准	30 日未开单经纪人数 产能未达标经纪人数	诫勉谈话次数 再聘用人数 辞退人数

在操作过程中，需要依据市场情报设定年度管理目标，其中首先需要落实的指标包括经纪人入职指标（结合离职率）、房源指标、客源指标、带看指标、最低绩效指标等。

3. 业务资源目标

业务资源目标包括表 7.3-2 所示的内容。

表 7.3-2　业务资源目标

房　源	新增信息 新增勘察 新增钥匙 新增独家	房源推广次数 房源跟进次数 房源来电次数 新增房源数量 未跟进房源数
客　户	新增信息 新增面约 客户配对率	客户跟进次数 新增客户数量 未跟进客户数
带　看	房源带看率 客户带看率	房源带看次数 客户带看次数 客户复看次数 未带看客户数

业务资源目标的落实，一方面需要依据前述已定管理指标，制订年度资源目标；另一方面则需要依次将房源、客户、带看等相关指标要求落实到每个经纪人的工作责任中。

7.3.2　过程控制的 5 个方面

建立成功的房地产中介公司并没有固定的方法，在向上攀登的过程中有很多条路，许多门店经理的努力实践都证明了这一点。为了让过程变得容易，需要学习过程控制中的通用原则，以便尽快将其引入自身环境中。

商业计划的过程控制主要包括以下 5 个方面。

1. 部署与检查——提供模板

经理向员工提供工作模板，并在一段时间后进行检查。这样，模板就成了连接工作部署与结果检查的工具。

2. 月度总结核验

通过月度总结核验工作，管理者可以了解员工每月的工作进度与结果，有助于管理者对不同员工进行监督与管理。

3. 月度计划报告

门店或小组以计划报告的形式向企业进行月度或年度的计划报告。计划报告中应包括上期问题及解决方案、员工培训、员工督导、员工激励、管理问责和下期计划等。

4. 门店经理每日工作指引

门店经理进行每日工作指引，通过规范化的日常工作任务，确保对门店管理工作的过程控制。

下面是"门店经理每日工作指引"表，如表 7.3-3 所示。

表 7.3-3　"门店经理每日工作指引"表

时段	时间	工作事项	事项内容	操作提示	备注
上午	8:00~8:30	早会前准备	1. 与到店员工打招呼		
			2. 检查门店及员工形象	1. 管理员工形象，安排员工整肃门店环境。 2. 发现员工状态不适合工作，可让其休息。 3. 督促未完成当日工作计划的员工完成工作计划	
			3. 询问员工当日计划行程		
			4. 考勤		

续表

时段	时间	工作事项	事项内容	操作提示	备注
上午	8:30~9:00	早会	1.列入喊口号、整理仪容、调整状态 2.沟通交流市场数据及新增资源 3.员工当日重要事项汇报 4.员工经验分享 5.重申目标，布置工作	1.以调整整体氛围和提升士气为主线；提高员工工作积极性、宣传公司文化。 2.员工做资源交流和重要事项通报（包括新增资源、市场数据、独家房源跟进以及昨日商圈成交的房源状况）。 3.明确团队一天的工作重点；简单快速地对不同职级员工做出有针对性的、具体的工作安排。 4.对员工的良好表现进行表扬，激励员工。 5.请员工做案例分享；重申当月业绩目标、当日业务计划以及重点工作安排	
上午	9:00~12:00	业务管理	1.检查批阅员工日报和计划 2.新增和历史资源及资源推广的检查批阅 3.重点业务跟进、策划与布置 4.业务执行介入 5.签单工作部署 6.工作巡查	1.昨日日报或上周周报查阅，经纪人作业量达标检查（包括房屋、客源量、带看复看量、网络推广量等），寻找问题和解决方案；检查员工历史资源跟进情况，以寻找业务机会，追问、讨论、制订解决方案；检查与要求必须书面记录并及时向全店通报；对重点员工一对一沟通并作书面记录。 2.对新增资源进行电话回访，询问问题，制订方案，和经纪人共同解决难点，推进业务进程。 3.当日业务重点（配对及带看邀约、客户带看、客户复看、签单、后期过户等）工作跟进，筛选意向单并做出方案策划与部署。 4.经纪人约看、带看陪同；对意向、谈判、聚焦房源等工作追踪、指导和介入，协助重点客户分析配对房源。 5.签单工作部署，检查并不断跟进，督导员工正确实施方案。 6.检查当日上午的工作进程安排，对尚未执行或没有进展的事项进行沟通督促	
午休	12:00~13:30	休息	1.午餐 2.休息	1.与员工一起午餐，也可单独请个别员工共进午餐进行沟通交流，起到融通关系、激发信心、帮扶困难、鼓舞士气的作用。 2.可适度做游戏或自由休息，保证下午充满激情	

时段	时间	工作事项	事项内容	操作提示	备注
下午	13:30~14:30	培训	每日中午一小时制式培训	1. 新人每日制式带训。 2. 针对未转正员工以团队水平提升为要求进行培训、研讨和演练等；针对团队出现的问题定制培训、带训以及一对一辅导等	
下午	14:30~16:00	业务督导	1. 房源推广检查 2. 员工带教 3. 业务介入 4. 店内执勤 5. 作业量管理	1. 网络跟进，检查网络发帖及刷新；检查手机 APP、房源水牌、DM 单等工具，清理过期资源。 2. 带教新人做房勘，协助经纪人为客户匹配房源，邀约客户陪同带看，观察员工对客户需求的了解程度、查看员工为客户配房是否精准、记录员工沟通及把控客户等方面的问题，以期晚会时进行问题分析并寻找解决方案。 3. 检查重点维护商圈内业主回访频次、房源流通率和渗透率；检查重点维护片区主维护房源进展；检查并执行新增资源（房源、客户、带看等）的及时回访，筛选确认优质房源和意向客户并向员工推荐；重点检查独家房源、重点及意向客户的跟进工作，检查员工的执行过程和执行结果，必要时果断介入。 4. 现场为员工服务，包括业务跟进与支持、心态沟通、答疑解惑；紧盯当天预判业务线索和机会，督导意向单转定，配合员工及时签约转化。 5. 检查经纪人行程与工作量完成情况，及时发现经纪人当天的问题，及时提醒解决及做好补救工作	
下午	16:00~18:00	招聘	1. 招聘广告 2. 电话邀约面试 3. 安排面试和入职 4. 接待入职	1. 执行或检查秘书各招聘渠道的广告发布情况，及时更新和跟进；执行或检查秘书下载简历及电话接听情况。 2. 执行或检查秘书电话邀约面试情况，坚持每天完成一定数量的电话邀约。 3. 按面试邀约规范面试应聘者，做书面记录；同行业交流，邀约有经验的同行面谈；面试汇总，跟访，发掘新人。 4. 接待安排新员工入职，做好带训计划	

续表

时段	时间	工作事项	事项内容	操作提示	备注
下午	18:00~19:00	晚会	1. 员工当日述职	1. 让每个员工汇报并总结当天工作完成情况，进行检查询问。 2. 当日计划约看、复看情况陈述追踪，当日计划跟进的线索和机会转化通报；当日重点案例及意向单分析、下一步重点跟进安排部署。 3. 表扬当日完成量化工作及计划内事项的员工、批评未能完成工作的员工，并重申工作要求。 4. 解决当天团队遇到的疑难问题，并根据当天团队出现的问题做第二天工作方向的调整	
			2. 重点资源情况汇总		
			3. 表扬与批评		
			4. 工作部署		
晚上	19:00~21:00	自我激励	1. 培训	1. 根据当日问题展开针对性的即时培训，包括心态、技能、知识和习惯等方面的沟通和交流，重点意向单分析及业务操作培训等。 2. 让员工做到房源、客户、带看及复看100%回访，并做出下一步安排。 3. 检查房源的更新、钥匙以及议价情况。 4. 晚上19:00~21:00是客户下班后比较悠闲的时间，可鼓励并带领员工利用此时段与客户沟通交流、推荐资源、邀约带看、磋商价格等。 5. 晚间也是客户浏览网页的高峰期，有必要在此时段跟进网络端口（包括手机移动端）的推广工作，检查库存、标题、图片、描述、展台排名及同等房源的价格发布情况等。 6. 准备明日早会工作计划、安排工作行程和重点工作、让员工完成当日日报并发送给上级。 7. 当日事项完成后下班	
			2. 客户回访		
			3. 资源梳理		
			4. 意向业主、客户洽谈		
			5. 检查网络推广情况		
			6. 筹备明日早会		
			7. 做当日工作日报		
			8. 其他事项		

5. "我的个人行动计划"

除了门店经理的每日工作指引外，还应利用"我的个人行动计划"，对员工的工作内容进行监督与管控，其内容如表7.3-4所示。

表 7.3-4　"我的个人行动计划"

项目	事项	负责人	开始日期
销售管理	我们有销售经理吗		
	我们是上市公司吗		
	招聘		
	我们有良好的心态吗		
	我们有持续的活动吗		
	我们的雇佣决定是否恰当		
	职业发展		
	我们有店内培训计划吗		
	我们是否有巩固培训的计划		
	我们有"Open House"计划吗		
	我们管理客户线索吗		
激励	我们是否重视如何协调目标、个性及每个经纪人的个体状况		
	我们是否充分利用了公司形象		
	我们的职场是否有适当的压力		
	我们消除了"管理死角"吗		
	我们每周定期举办业务会议吗		
	我们的业务会议议程相关程度高吗？有趣味吗		
	业务会议与公司整体计划保持一致吗		
	决策		
	我们的决策是基于事实的吗		
	通过决策我们获得盈利了吗		
	广告成本与回报相比适当吗		
	我们有可靠的成长与扩张计划吗		

续表

项目	事项	负责人	开始日期
提升	我们的门店是方便了我们工作还是阻碍了我们的发展		
	我们有一贯的、正在实施的再聘用（Rehiring）计划吗		
	我们是否经常提高管理能力和深度		
	我们有书面商业计划吗		
	我们有准确及时的簿记系统吗		

第 **8** 章

演说沟通：经纪人 / 经理演说技能与
成交技巧

8.1　房地产经纪人的高效沟通

沟通是推进销售事业不可或缺的动力。房地产经纪人在具备优秀素质和丰富知识的基础上，若拥有高效沟通的技能，就会如虎添翼，不断得到来自市场与组织的认可。

8.1.1　对下属：利于明确目标，落地执行

有效的领导力源于有效的沟通。通过沟通对下属进行联系、指引、导向、激励和鼓舞，能够让员工清楚看到目标并懂得如何执行，从而真正追随领导。

有些企业领导片面地认为目标是管理层制订的，下属只需负责执行，不需要相互沟通。但沟通是双向的，领导想要制订出合理目标、作出科学决策，就要通过沟通来搜集和分析信息。同样，想要让下属真正理解目标、坚决执行，也要以沟通的形式来取得他们的信任与支持。

如果领导不擅长和员工进行沟通，不让他们知道自己工作的重要性，员工就会感觉自己被忽视。这种情况轻则造成员工士气下降、效率低下，重则导致上司和下属之间互不信任，无法围绕工作目标和执行情况达成共识。

作为房地产中介企业的管理者，要尽可能多地和员工进行交流，让他们能够及时了解上司的所思所想，领会目标制订的意图，明确执行中的责任。沟通越成功，他们的工作积极性和准确性就越高。这样，整个企业就会形成强大的力量，而这正是沟通的价值所在。

8.1.2 对客户：能留住客户并形成转化

经纪人想要留住并转化客户，就要重视与客户的沟通。

所谓客户沟通，是指企业的经纪人将思想、观点、意见和情感等信息通过语言或非语言的形式传递给客户。

客户沟通的价值首先体现在对客户情感的吸引上。经纪人如果能站在客户的角度对他们所在意的问题进行换位思考，再进行沟通，就很容易了解客户的心理与实际需求，从而引发情感共鸣，实现对客户的吸引。

与此同时，在和客户的沟通中建立起互相联系的纽带，客户才能了解自身选择的方向，建立对企业品牌的信任。即使当企业或经纪人出现失误时，有效的沟通也有助于获得客户谅解，减少并消除其不满，弥补损失。

最后，客户沟通还是影响企业经纪人与客户长远关系的重要因素。只有经常和客户沟通，才能及时捕捉到他们的新需求，稳定客户关系，创造更多购买的次数，并带来新的客户。企业如果忽视了和老客户的沟通，就无法得到稳定的客户资源，也会影响新客户的获取。

8.1.3 对门店：高效销售，提升利润

在门店管理中，沟通是为了有效构建团队，向员工传达思想、与员工交流情感并互通信息，从而让员工积极执行。因此，沟通的目的在于说服和引导员工采取积极正确的行动，以便实现高效销售并提升利润。

想要让房地产中介企业实现高质量、高效率和高效益的发展，就必须坚持通过沟通对员工进行培训，将门店变成课堂，让员工在指导下成长为成熟的经纪人。因此，管理方式必须注重人性化，利用沟通实现以下目标。

1. 树立榜样

门店的管理要落实到员工对管理者的服从上，而良好的服从关系离不开

门店领导的形象树立。

门店经理想要成功管理员工，尤其是那些优秀的员工，就应该通过日常沟通（包括语言和非语言形式）形成个人魅力。因此，门店经理必须懂得沟通的价值，有出众的沟道才能，能够利用沟通去塑造自我形象。

2. 了解员工

想要让员工取得出色的业绩，门店经理就要充分了解员工。了解员工的基本情况，如出身、学历、经验、家庭环境和背景、兴趣、专长等，这只是对做领导最起码的要求。真正能够推动员工行为的，在于其思想、情绪、动力、热情等。门店经理如果能利用沟通，在这些方面与他们产生共鸣，员工就会感到上司是真正了解自己的，门店管理者也就能预料到员工的心理变化和行动方向，并做到知人善任，对具体工作做出安排部署和帮助指导。

总之，门店内部应该通过沟通做到上下级彼此了解、形成默契，这一点对于执行效率的提升有着重要意义。

3. 接受意见

在门店管理中，优秀的建议、有创意的想法都可能给门店带来销售额的大幅增加、工作效率的迅速提高。通过有效沟通，员工会感受到平等的氛围，愿意主动交流。这样，店长才能集思广益，充分调动员工的积极性。

8.1.4 对团队：能精诚合作，集体发力

在团队建设中，一项重要的工作内容就是有效化解内部冲突、提升集体能力。团队内部的冲突往往具有突发性和难以预见的特点，需要运用管理艺术，通过沟通手段，迅速化解矛盾，避免冲突对集体能力造成破坏。

实践证明，团队管理中 80% 以上的矛盾来自沟通不够或沟通不到位。想要让你的团队拥有出色的能力，不能仅依靠优秀员工单打独斗，而是要让他们在尽力表现的同时重视彼此合作，统一思想、协调行动，共同创造价值。

团队管理中的沟通价值具体体现在以下几个方面。

- 利用沟通搜集信息，是确立团队正确决策的前提条件。
- 沟通能够促进员工、小组、外部之间的协助，有效开展团队工作。
- 利用沟通激励团队，建立良好的人际关系与组织氛围。

8.2　房地产经纪人的沟通策略与技巧

研究表明，普通人每天在沟通上要花费 60% ~ 80% 的时间，而房地产经纪人花费的沟通时间所占工作总时间的比例会更高。掌握全面的沟通策略与技巧，才能提高工作效果。

8.2.1　面对上司，如何说才能赢得信任与支持

在和上司沟通时，经纪人应时刻提醒自己：无论谈话内容是什么，都应尊重上司。意识到双方的角色，沟通的方向才能准确。

在此基础上，经纪人还应了解上司的性格，并采取相应的沟通方法。例如，上司脾气固执，很可能难以在短时间内接受直截了当的反对意见。为此，在沟通时，经纪人就应该采取迂回战术，利用不同的例子或事实来加以说服。又如，上司在处理事务时谨慎理性，就不要指望通过 10 分钟的谈话获得其理解认同，而是要注意多进行铺垫和探讨。

此外，对上司而言，门店或企业的核心在于利润。经纪人在与其沟通时，应该始终突出这一立场，这样才能让其乐于理解和支持。

在同上司进行沟通时，应注意以下规则。

1. 不要将某个客观情况当作拒绝的理由
例如"我不了解情况""我还不熟悉"等话语，是和上司沟通的大忌讳。

经纪人可以将这些作为客观情况加以陈述，但绝不能当作拒绝的理由，以免上司产生误解。

2. 避免想当然

和上司沟通时不能随意揣测事实，更不能在表述中模糊不清。尤其在汇报情况时，应该把调研和事实作为依据，不能随意说"我觉得……""好像是……"等。

3. 不要推卸责任

当上司了解某一工作的责任归属，抑或工作中出现问题的原因时，经纪人不能因为盲目的自我保护意识而将责任推卸给他人。相反，只有多反省自己的问题，才能确保你对上司的沟通态度积极端正，从而得到上司对你的真实看法和建议。

8.2.2　面对客户，如何说才能拉近距离并成交

面对客户，沟通技巧的意义在于不断刺激客户需求，从不同侧面去帮助客户下定决心，进行购买。这就要求经纪人在正确的时间、地点，以正确的方式去影响客户，达到他们的认同。

1. 接近

接近客户是第一步。只有顺利接近客户，才能开展随后的沟通。为了做好这一步，经纪人就要带上各类工具，如市场调查记录、房源图片等，从而引起客户的注意和兴趣，并引发他们产生购买的愿望。

2. 消除异议

消除客户心中既有的反对概念，并植入新概念，是成交沟通中最关键的一步。为此，经纪人应该参考下面的步骤进行。

①在刚开始和客户交流时，尽量满足他们的要求，在问答中多采用肯定回答的方式。

②当客户情绪稳定并对经纪人产生信任后，再提出附加条件，并努力让客户认识到这些条件的合理性。为此，经纪人需要站在客户角度来打造沟通内容，通过疏导方式去面对客户的反对态度。

③如果客户不同意经纪人的观点，也不要立刻反对或批判，而是先肯定客户话语中合理的部分，与客户产生共鸣，表示你确实理解其想法。

需要注意的是，共鸣并不是认同，共鸣的目的是缓和矛盾。一旦客户的异议态度发生松动，就应及时将话题扭转回来，提示他最核心的需求，避免影响交易。

3. 捕捉成交信号

成交信号是客户决定达成交易的外在表现。经纪人必须抓住机会，及时把握客户的成交信号，并在沟通中促成成交。

经纪人应密切观察客户的语言和要求，判定其成交信号。例如，当客户说"这套房的价格有无降低空间？"时，就表明成交时机已到。又如，客户提出换一个地方再谈、提出索取房源更多信息等要求，也是在释放成交信号。

总之，和客户沟通的过程，就是确定客户需求并予以满足的过程。让客户发自内心地积极交流，沟通就可能带来双赢。

8.2.3　面对同事，如何说才能同心协力

经纪人面对同事时，要懂得运用下面的沟通技巧，做到同心协力。

1. 仔细倾听并及时反馈

在和同事或下属沟通交流时，要站在对方的立场和角度，耐心倾听他们的话语，不能随意打断或表示拒绝。当对方表述完毕后，给予的反馈应该明确具体，而不能空洞模糊。如果是对下属作出反馈，应尽量用建设性和鼓励的语句，而不能单一地说教。即使是作出批评，也应该就事论事，不能伤害员工或同事的尊严。

2. 正确的沟通技巧

与同事沟通时，目的应明确清晰，表述力求简单易懂。在听到反对意见时，也不应盲目争论、急于表达，而要先认真思考再作出决策。

此外，如果是和下属进行沟通，门店经理必须及时表明自身态度，给出具体的要求。例如，明确的工作事项安排、工作量标准、时间要求、制度规定、目标内容等。

3. "三明治"交流法

和同事的沟通，会不可避免地涉及反对或批评意见。采取"三明治"交流法能让反对或批评产生最好的效果。

所谓"三明治"交流法，是指将沟通的核心内容像"三明治"那样夹在中间。向同事提出反对或批评意见时，为了不让对方感到压力，提高沟通效果，最好能在表达核心意见之前，先对对方相关方面的成就表示充分认可。

例如，"我发现你在这方面做得很好……"，随后再说出具体反对或批评意见。在反对或批评意见表达完之后，不要忘了再给予对方肯定和鼓励，从而确保他们保持信心和良好的情绪，不至于产生被打击的挫折感，也有利于今后的和谐与合作。

8.2.4 面对老客户，如何说才能连续成交并转介绍

经纪人要求老客户转介绍时，需要精心设计每个沟通流程。这样，老客户才有可能根据经纪人的预定思路，同意转介绍。

1. 确认产品价值

在对老客户精心回访时，不要采取开放式的提问，如"感觉怎么样"之类的问题，避免客户提出其他观点。而是要通过引导性的语句，如"您对这套

房子还满意吧？价格也不错？"等，客户一般都会习惯性地做出肯定回答。

此时，就应进一步帮助老客户确认产品价值，如"您感觉房子最好的地方在哪里"等。一旦客户主动说出了答案，经纪人应马上给予肯定和赞美，这样的沟通能够帮客户加深对企业服务的了解和认同，并有效提升忠诚度。

2. 要求转介绍

要求老客户介绍朋友来参观门店、了解房源时，不应要求客户转介绍人数太多，避免让其感到为难。最好只要求其介绍同等消费能力的一两名客户，减轻老客户的心理压力。如果客户以不清楚介绍对象为由推脱，经纪人可以主动提出建议，引发客户思考，包括亲戚、朋友、同学、同事等资源都可以考虑。

需要注意的是，为了避免老客户随意给出名单，经纪人可以在沟通中进一步了解详细情况，例如新客户的基本信息、购买意愿、住房历史等。

3. 获得理解

在要求老客户推荐新客户名单时，经纪人要向对方说明自己的行动方式，并获得他们的理解，如"我会告诉他，您是出于对我们的信任，希望能够与他分享我们的产品和服务"。

4. 请求联系

如果有可能，不妨继续向老客户提出请求："您能否帮我引见一下您的这位朋友，我明天想去拜访他。"如果之前的沟通效果良好，客户也很可能答应你的请求。

此外，即使是面对没有成交的客户，同样也可以要求其转介绍。例如："张总，虽然您暂时还没有购买，但通过这段时间的接触，您对我们公司的服务实力还是非常了解的吧？我想，您身边应该也有许多有类似需求的朋友，我们也可以帮助他们。您如果方便，可以给我们介绍几个朋友认识一下吗？"

8.3　房地产经纪人的成交策略与技巧

经纪人在和客户打交道时，不仅要懂得如何引起客户注意、接近客户、洽谈并处理异议，还要掌握一定的成交策略，针对不同情况，采用不同的成交方法，完成营销任务。

8.3.1　如何塑造个人形象并营造成交气氛

客户对经纪人的第一印象，几乎都是以个人衣着和仪容为基准的。因此，经纪人需要将塑造个人形象看作职业基础，从一点一滴营造成交气氛。

1. 仪容

经纪人具有端庄、整洁、得体的仪容，才能带给客户好感。反之，如果不修边幅，很容易破坏成交气氛。

一般而言，经纪人的仪容修饰应以大方为原则。头发应保持整齐清洁、发型自然美观，不能过于时尚前卫，也不应染成过于鲜艳的颜色。面部修饰应整洁自然，给客户以朝气蓬勃、诚实可信的感觉。

2. 着装

经纪人的着装整洁美观，能够在工作气氛中增加严肃认真而充满热情的因素，同时也能充分体现对客户的尊重。因此，经纪人应注重衣着的款式、色彩、质地等，同时还要注重着装与个人气质的配合，并考虑到与容貌、肤色、年龄等多种因素的相互协调。

3. 营造气氛

除了外在形象外，在经纪人和客户交流谈话的过程中，对气氛的营造也非常重要。想要营造出轻松愉快的气氛，经纪人必须掌握一些"窍门"。

①用略微夸张的口吻去赞美客户，能够让交流气氛变得活跃。

②善意地开无关紧要的玩笑，如交通状况、天气、周围情况等，避免直接进行商品交谈而产生仓促感，也能调节气氛。

③讨论"小道具"，可以从客户的手表、配饰、汽车、宠物谈起，也可以从经纪人随身携带的类似"小道具"谈起，拉近彼此的心灵距离，逐步打开话题。

④适当贬抑自我。利用自贬自嘲的方法，起到欲扬先抑的效果，客户能够在会心一笑中重新看待你并对你产生好感。

8.3.2　如何在介绍房源时把话说到客户心坎上

经纪人在向客户介绍房源时，从始至终都应注意他们的反应，时刻调整介绍策略。一旦捕捉到新的信息，就应该立即有针对性地介绍；当话语说到客户的心坎上时，成交的概率也就大为增加了。

1. 清楚需求

经纪人必须了解清楚客户的购房需求，即客户需要什么、关注什么就介绍什么。只有确保对房源的介绍符合客户的需求，才能最大限度激发他们的兴趣。

2. 推介优势

经纪人要分析向客户推荐的房源有何独特优势，能够为客户带来什么样的利益和好处。对客户而言，他们所购买的并非只是建筑物，还有建筑物背后关联的利益。只有经纪人展示了相关利益，他们才会有兴趣和购买意向。

因此，经纪人在介绍房源时离不开"情景描述法"的运用。经纪人可以通过生动、形象的语言描述，为客户展示未来的生活情景，让客户真切、深刻地感受到购买该房源能给其生活带来的切实变化。

需要注意的是，经纪人在运用"情景描述法"时，不能单方面滔滔不绝地陈述，而是要通过及时发问，让客户也能够参与其中。当围绕情景不断地和客户互动时，要让客户多说、多表达，经纪人才能更好地了解客户想法，引导他们的思维。

当然，不同的房屋有各自的优势和缺陷，二手房更是如此。经纪人可以通过不同技巧，达到理想的介绍效果。

例如，"我给您推荐的这个房屋环境优美，只是地段稍微偏一点，距离市区有点远……"这样的介绍方法会导致客户只记住了缺陷。相反，"虽然这个小区地段有些偏，但正因为远离了城市喧嚣，才会有这么美好的景色。我相信以您的实力在市区买房不成问题，但这里的生活才算得上惬意休闲。"这样的介绍生动形象，让客户记住了房源的优势。

当然，在介绍房源时，经纪人没有必要刻意回避缺陷，对客户提出的问题可以实事求是地承认，再进行积极引导，让客户看到房屋优势的一面。

可以在沟通中重点向客户强调房源具有以下几个方面的优势。

（1）房源的位置。包括与附近公交车站、地铁站、商业中心、学校的距离等。

（2）房源的小区环境。如小区绿化率、封闭管理的安全性、日照时间的充足性、功能设计的实用性等。

（3）房源的噪音。评估其是否远离马路、是否邻近小区活动区域和车库、是否靠近出入口等，如果远离这些噪音发源地，居住环境自然会很安静。如果距离较近，就要强调建筑材质的隔音效果等。

3. 利用群体趋同效应

为了让房源形象贴合客户的需求，可以在介绍过程中强调群体意愿的共同趋势。经纪人可以说："您关注的这套房已经有很多人在打电话咨询了。您抓紧时间，我带您看一下。"出于从众心理，客户必然会放大内心的期待值，并主动参与到下一步的了解过程中。

8.3.3　如何活用成交话术，促成交易

面对购买房产这样的大额消费，不少客户总会放慢谈判节奏而不愿果断迅速成交。想要让成交节奏加快，就应懂得灵活利用下面的成交话术。

1. 询问拒绝原因

如果客户总是不愿意成交，经纪人要进一步探究客户的真正意图。

可以采用提问法，如"您好像还有疑虑，能告诉我是因为什么吗"；直接法，如"这套房子肯定有些问题让您难以决定吧"；选择法，如"您看是×××原因，还是×××原因"；否定法，如"您不用担心这些问题"；资料法，如"如果还有什么不清楚的，您可以看看这些资料"等。

2. 充当顾问角色

部分客户的犹豫不决来自其优柔寡断的性格，也可能由于需求难以明确。为此，经纪人就应主动承担顾问角色，以话术去消除客户的心理负担。

（1）提供选择。如"您是想要大户型的房子，还是想要小户型的房子？""您希望购买精装房还是毛坯房？"等。

（2）提供信息。当客户询问房源优劣时，经纪人应首先给出全面的信息，而不是立刻回答。例如，客户询问"什么楼层的房子才好"，经纪人应该介绍高层和低层各自的优劣，如高层遮挡物较少、低层空间较多，随后再给出暗示引导，包括视野因素、光照因素等，这样能够巧妙地说出自身意见，又促使客户做出最后决定。

3. 价格谈判

价格是成交过程中的关键因素，客户希望用最低价格购买，业主想以最高价格出售。经纪人在沟通中，既要考虑到买方的出价上限，又要顾及卖方的售价底线，促成双方达成利益共识。

在价格谈判中，经纪人应该把握双方的心理变化和实际需求，适当调整双方的价格筹码。例如，可以根据实际情况，赞美房东的装修价值，增加房屋的优势与亮点，将客户的注意力转移到房屋的使用价值而非价格上。当然，如果房东价格开得过高，也应该适当指出缺点，或者通过同类对比方式，对房东的心理价位进行调整。

总之，在价格谈判中，经纪人必须利用话术，兼顾交易双方利益，从而促成成交。

8.3.4 如何把握好"临门一脚"促成成交

当经纪人与客户快要成交时，也是最容易暴露问题的时候，此时如果不能选择正确的沟通方法，客户就有可能失去信心，进而对交易产生怀疑。经纪人如果在此时放松，说出错误的话语或做出不当行动，也会严重影响交易。

在即将成交时，客户的疑心反而可能更重。如果他们担心交易导致上当受骗，很容易在成交环节反悔。例如，客户看到经纪人神情激动，就会想到自己是否过于草率，便宜了卖家和中介。如果客户看到经纪人突然沉默下来，又会怀疑其是因为交易有问题而紧张。

那么，经纪人如何才能把握好"临门一脚"呢？

1. 不要改变态度

在交易成功之前，经纪人绝不要改变态度，包括面部表情、语调语速等，而是保持平静。一旦经纪人表现出紧张、兴奋等表情，就容易让客户产生疑虑而放弃交易。

不仅如此，当销售即将成功时，客户很可能会提出一些新的疑问，或者其身边人也会发表意见。此时，经纪人也不应轻易表态。随意表态和盲目回应，在此时并不会带来多少益处，反而会弄巧成拙。

2. 时效逼单法

在"临门一脚"时，经纪人可以明确强调房源数量或时间期限，这会增加客户对签单的紧迫感，促使他们尽快做出决定。例如，经纪人可以提出卖家与其他感兴趣客户的接触、卖家可能反悔等理由，激发客户强烈的购买愿望。一般情况下，客户并不愿意真正失去购买机会，当他们产生紧迫感之后，很可能会下定决心购买。

3. 利益逼单

经纪人可以将一定程度的优惠空间、赠送礼品等进行"隐藏"，运用在即将成交的最后关头。只有当客户已经基本同意购买，询问"是否有优惠"或"价格能否再下降一点"时，经纪人再告知其尚有最大的利益优惠或礼品赠送，客户自然会在心理上感到"平衡"并欣然签单。

8.3.5　如何倾听才能快速成交

对经纪人而言，倾听的能力比能言善辩的能力更为重要。出色的经纪人善于聆听客户的抱怨、异议甚至是闲聊，从中找准客户的需要与追求，发现客户没有说出甚至没有意识到的需求。同样，只有通过倾听，才能搜集到有助于成交的相关信息，快速成交。

在运用倾听技巧时，你需要注意以下几点。

1. 专注聆听

沟通中，经纪人必须排除干扰、集中精力，以开放式的姿态认真聆听客户的表述，积极思考其话题内容。

在聆听中，可以用不同的回应来发现客户更多的需求信息。可以进一步提问，如"原来是这样，能谈谈更多的原因吗？""您的意思是指？"；可以确认自己理解的内容，如"您这句话的意思是……我是否能这样理解"；可以表示认同，如"我同意您的意见"等。在某些情况下，你甚至不需要具体说什么，只需不时地用"嗯""哦"来表达你的共鸣，就能够表明你对客户的讲话是感兴趣的。

当然，更重要的是，经纪人倾听时必须有充分的耐心。只有耐心等待，让客户将话说完，才能完整了解他们的意图。

2. 聆听细节

在聆听中，不要放过客户话语中的每个细节，把握其中的暗示，随时进行记录整理，发现客户的感情倾向，听出其弦外之音。

不过，经纪人每天接待的客户量较多，日常事务也较为繁杂，注意力发生偏离是影响聆听细节的普遍问题。一旦注意力偏离，就可能导致你无法准确捕捉客户的思想，忽略了其中的潜在信息。

为此，经纪人需要努力做好以下两件事。

（1）专注于客户的非语言表达。你可以要求自己专注于对方的细微表情、行动等，力求领会他们所想要传达的信息。

（2）自我约束，避免精神涣散。即使手头还有其他事情，你也应努力抵制干扰，尽量专注于眼前客户所关心的内容。

3. 发掘内涵

经纪人在倾听的过程中，尤其应注意客户模棱两可、似是而非的语言，随时对其进行记录，或者当场认真询问对方，在他们回答时观察其表情、动作。这样，经纪人也许会发现自己原本没注意到的隐蔽态度，并转换思考方向与节奏。

例如，你可以在与客户沟通时，进行简单的笔记记录。客户看到经纪人在做笔记时，也会产生被重视的感觉。而经纪人的笔记记录动作也能将自身注意力集中在客户身上，而不会由于浮光掠影的交谈导致无法把握谈话内涵。

4. 聆听反馈

经纪人在倾听时，应该以适合的语言回应对方，适时提问或反馈。这样，既能够让客户保持沟通愿望，又能够让他们在心理上得到被重视的满足感，有利于销售的最终成功。

例如，经纪人可以表示认可理解，如"我明白你的感受"，也可以表示鼓励，如"嗯""明白了"等。

另一种积极反馈客户的方法在于复述，即归纳客户沟通的要点，或者用经纪人自己的话进行复述。这样，经纪人就能确定自己了解的情况是全面的，而客户也会因此更信任你。

8.3.6 如何在话中描绘美好前景，让客户自己说服自己

客户愿意与经纪人交谈，就意味着其对产品感兴趣。因此，在客户的语言中隐藏了大量的机会，经纪人通过话语中客户感兴趣的部分，完全可以引导他们自我说服、主动成交。

下面是让话语带有吸引效果的正确方法。

1. 提供符合客户要求的房源

最初吸引客户前来咨询了解的房源产品大多不能满足他们的真实需求。在交谈中，经纪人应随时抓住客户所说的关键，调整产品供应策略，向他们提

供能够符合其要求的房源。这样，客户将愿意接受新的产品。

下面的情景案例中，经纪人在电话中恰如其分地使用了这一技巧。

经纪人："黄姐您好，我是×××房地产中介门店的小刘。上周我带您看了×××小区的一套房子，看完后您说想考虑下，不知道现在有没有决定？"

客户："不着急啊，我现在还没想好。"

经纪人："黄姐，买房是应该谨慎一点。不过房子不等人，您对这套房子是不是还有什么不满意的地方？"

客户："房子是不错，不过我儿子说楼层有点高，我们年纪慢慢大了，上下楼不方便。"

经纪人："哦，确实，您也知道，这个小区以高层住宅为主。那么请问其他方面有没有问题？"

客户："其他都挺好的。"

经纪人："正好，我们前天刚来了两套该小区为数不多的低层住宅，我觉得挺适合您的，要不再来看看？"

客户："是吗？那好！"

最终，客户顺利签约。经纪人正是通过及时调整产品、满足客户需求的方式，解决了客户的问题，使对方自己说服了自己。

2. 连续肯定法

连续肯定法是指客户在经纪人的引导下，对每个问题都给出肯定回复，最终决定购买。运用该话术时，经纪人应该向客户提出一组综合了各项交易重点的问题，每个问题经过精心安排，都能够让客户做出肯定回答。这样，客户等同于被自己说服。

例如以下的案例。

经纪人："您是否觉得孩子教育是当今家庭最重要的投资？"

客户："是的。"

经纪人："您觉得学校环境对孩子的教育重要吗？"

客户："那当然。"

经纪人："那么这套住宅房所在的学区是我市最好的，为此多付出几十万，您觉得是否值得呢？"

客户："值得。"

当然，连续肯定法应该基于切实的合理性假设，而且确保符合客户的需求。如果客户在回答过程中对有关问题做出否定回答，经纪人应该做出对应的解释，并提出新的替代性的问题。例如在价格问题上遭到客户否定时，可以略作解释，然后问"价格的确对您很重要，是吗？"

8.3.7　如何巧妙化解阻碍成交的异议

经纪人在了解客户异议的类型并分析出其原因之后，就要着手对异议进行处理。如何巧妙化解阻碍成交的异议？下面是几种重要技巧。

1. 忽略法

当客户提出的异议并不影响交易的继续进行，或这些异议并不需要解决时，经纪人就可以选择无视，采用忽略法来处理异议。实际上，客户提出的一些反对性意见只是单纯为反对而反对，或者是客户为了表现自己的价值而故意提出。此时，经纪人只需要面带微笑点头承认即可。等客户的表现欲满足之后，再将话题引向交易。

2. 转化法

经纪人应正确面对客户提出的异议。实际上，每个异议都具有双重属性：

一方面，异议会对交易产生阻力；但另一方面，异议也可能是加快成交的机会。经纪人利用异议的正面因素去抵消负面因素，能够更快地与客户达成交易。

需要注意的是，经纪人在使用转化法的同时应该讲究礼仪，并充分顾及客户的感情。

3. 补偿法

当客户对产品提出某些异议，而这些异议属实时，经纪人不仅不能进行反驳，反而应该以真诚的态度欣然接受并予以解释。但在接受异议的同时，也应给客户额外的补偿，从而使其在心理上获得平衡。通过这样的方法，既能够让客户明白房源产品的确存在缺点，但不会给客户造成太大影响；又能让客户了解产品的优点，能够为客户带来更高的满意度。

8.4　房地产门店经理的演说策略与技巧

在房地产门店的日常管理和运营中，运用演说去打动客户、团结下属，是经理最为常见的工作内容。熟练掌握相关技巧，方能在此过程中获得应有的回报。

8.4.1　门店经理如何打造个人形象与风格

演说形象与风格主要体现为演说中的肢体表现，包括形象、舞台风格、手势和表情。其中，舞台风格包括演说者在舞台上的站姿和走姿，表情包括门店经理在演说过程中的微笑与眼神。

1. 正装演说

正装演说能够向听众展示专业性，也会让演说者增强自信。无论是面向员工的演说，还是面对客户的演说，正装都能够为演说者树立专业的个人形象，同时传递门店经理对工作职责的重视、对工作岗位的热爱。

需要注意的是，在正装演说时，尽量选择偏薄款的制服、西装，而不要穿厚重的大衣、羽绒服等。如果穿着过厚，很容易让听众产生压抑感。

门店经理在演说时，要让个人形象保持得体大方，不应过分修饰，避免听众只关注你的外表而忽略演说内容。

2. 站姿

在演讲时，男性和女性门店经理站姿略有不同。男性最标准的站姿是双脚张开距离与肩同宽，女性双腿最好保持并拢状态或使用丁字步。除此之外，基本的法则都是"背部贴墙、三点一线"。"三点一线"是指"后脑勺、臀部、脚后跟"贴于"墙面"，确保站姿挺拔。在演讲过程中，应该重心居中，手自然下垂，身体稍稍前倾，给听众以亲切感；如果偶尔稍微后仰，也能给听众力量感。

3. 走动

在演说开始10分钟或30分钟内，不建议演说者在讲台上走动。一旦开始走动，就会转移听众注意力。不过，如果进行长时间演说，演说者就要适当左右走动，避免生硬呆板。

4. 手势

有3种主要手势值得门店经理在演说中重点使用，具体如下。

（1）双手下垂。双手自然下垂，尽量不要握拳。

（2）45°手势。将双手打开，手心朝上，手臂分别与身体前部呈45°，然后收回放在小腹前。

（3）分享手势。即左手手指与右手手指交叉放在胸前，与胸部相隔一个拳头的距离。这种手势比较适合在团队内进行培训，或者参加职位说明会、招聘说明会、集体宣传等活动时使用。

5. 微笑和眼神

微笑是演讲中的沟通法宝，最标准的微笑口诀为"提全肌、松下巴、拱软腭"，可以通过读拼音 C 或数字 1 来训练这种笑容。

在演说中，眼神能够反映出门店经理的精神状态和自信程度。经理应该用温暖而自信的眼神扫视观众，不管演说现场有多少人，尽量让每个人都能感受到你的眼神，进而被演说内容所吸引。

8.4.2　门店经理演说内容如何准备

演说具体内容的准备，包括对演说所用的视频、书籍、图片等一切相关资料的收集和熟悉。演说内容准备得越充分，演说效果就会越接近预期目标。

1. 新鲜度

演说内容应该有一定的新鲜度，使用员工或客户没有接触过的知识、素材作为演说内容，会让你的演说更具吸引力。

保持演说新鲜感的另一因素在于了解你的听众。你需要懂得不同听众的知识结构和信息范畴，从而有目标地学习、补充，更新演说内容。

2. 收集资料

除了收集专业资料之外，门店经理要学会多收集自己和他人的亲身经历。每个人的生活都或多或少与房地产有过交集，尽可能地将这些故事融入演讲中，丰富演讲内容。

3. 增长见识

门店经理不能只是待在店内，而是应该抓住一切可行的机会，参加不同的培训、会议，到更多的地方去参观学习，从而有效扩大自己的知识面，增长自己的见闻。只有当你了解到诸多听众所不了解的事情时，你的演说才会充满活力，你的语言才会充满力量。

8.4.3　如何养成演说的习惯并长期坚持

很多人由于缺乏演说的习惯，总是对演说有莫名的恐惧。其实，即使是许多名人，也曾经历过这样的阶段，但他们中的许多人最终都依靠长期坚持演说的习惯，从而获得了成功。

如何才能养成演说的习惯呢？具体内容如下。

1. 正确认识紧张

在演说之前，门店经理不妨告诉自己"每个人都会有紧张的时候，这很正常"。实际上，适度的紧张可能会让你调动起更好的状态来进行演说。因此，将这种紧张看作演说中积极的一部分，逐渐习惯这种紧张，也就不会受到太多干扰。

2. 分步骤习惯

习惯演说，需要适应演说中的每个步骤。你可以将演说分为登台、演讲和下台3个步骤，在担任经纪人时，就注意观察门店管理团队是如何处理这些步骤并取得成功的。随后，再慢慢习惯每个步骤的具体操作和环境。这样坚持下来，你就会慢慢习惯演说中的节奏变化。

3. 积极心理暗示

你可以用简单的话语暗示自己：我的演讲是最有价值的，因为它来自我的人生经历，来自对生活和工作的感悟；因此，我比任何人都更有资格成为门店的演说者，并且我一定会全力以赴，用演说成就整个企业。

类似这种积极的心理暗示，对形成演说习惯有很大帮助。这种心理暗示能产生强大的动力，并带来良好的学习和训练效果。

4. 固定训练

固定训练是提高演说能力的关键。当有意识的训练成为习惯时，演说水平也必然会随之增加。

你可以根据现有的演说能力结构，找到急需提升的关键领域并进行练习。例如，你希望自己的演说风格变得幽默，就要经常有意识地阅读笑话、相声、小品等，并进行不断地重复练习，包括特别的语气、动作、表情等。经过反复练习，幽默就会融入你的演说风格中。

8.4.4　如何演说才能让经纪人获得成长和发展

除了正式的演说场合外，经纪人往往能够利用临场即兴演说的方式去打动客户和上级，获得他们的支持与青睐，得到更快的成长与发展。

通常情况下，即兴演说是在不同场合因为特定事务或情景而展开的发言，这种特定的环境就相当于专门演说中的主题。因此，在打造即兴演说时，依然需要按照专门演说那样，先找准主题，再进行内容的铺陈。

如果主题是某种现象，经纪人不妨在演说中展示蓝图和愿景。主题是某种结果，就应该推导背景与原因……

下面是经纪人在日常工作中最常见的即兴演讲场合。

1. 业绩分析模式

这种场合通常出现在企业或门店的月度业绩分析会、年度总结会、项目会议等现场。经纪人在构思演说内容时，应以实用、精准的内容为主。

业绩分析的演说结构：首先，提出现象；其次，深入分析现象产生的主观原因和客观原因；最后，在分析问题深层次原因时，加深对现象的理解，并将问题的解决方法和原因紧密联系，根据实际工作与经验提出解决方案。

2. 时间轴模式

这一模式可以在不同场合使用。在演说内容构思上，主要应围绕主题的时间线展开，对同一个主题的过去、现在和未来进行描述。同时，根据具体环境和主题的不同，侧重点也应有所不同。如果想要突出当下的来之不易，就应该侧重描述过去；如果为了突出前瞻性，就应该多围绕现在和未来进行演讲。

3. 逆向思维演讲

在即兴演说中，如果经纪人演说的内容都是陈词滥调，很难引起上级和客户的关注。而采用逆向思维，则很容易让演讲出彩。

逆向思维演讲可以按主题方向反其道而行之，刻意营造出"反面论调"，然后在具体论述过程中总结出正面结论。这样，演讲的一开始会给听众以心理冲击，既让人感到迷惑，也吸引了所有人的注意力；最终，拉回所有人的心理期待，让人们在真正的结论面前恍然大悟。

这样的演讲模式通常适用于企业内部的非正式场合，对经纪人的个人魅力和控制能力也有较高的要求。

4. 关键词演讲

围绕某一个关键词开展即兴演说，能充分展现经纪人的逻辑分析能力和思维层次结构，给他人留下深刻的印象。具体的演说模式是：首先说出主题的关键词或事物；随后引申到其他，并描述抽象的感受、道理或现象；最后再将话题锁定到关键字或事物上。

这类演说通常运用在主题较小且明确的场合，例如培训学习、项目总结等。这种演说要求经纪人有一定的工作业绩，这样才能让人更信服你的分析。